SiF !

R VOS VACANCES ?

SAVOIR OÙ ALLER ?

ST LÀ POUR VOUS AiDER !

RÈGLE DU JEU.

ON BANDE LES YEUX DE TOUS LES MEMBRES DE LA FAMiLLE.
CHACUN LANCE, À TOUR DE RÔLE, TROiS FLÉCHETTES DANS LA CiBLE.
C'EST L'ENDROiT OÙ LES FLÉCHETTES TOMBENT LE PLUS SOUVENT QUi DÉCiDE OÙ VOUS PARTiREZ !
Si VOUS PLANTEZ VOS FLÉCHETTES DANS LE MUR, RESTEZ CHEZ VOUS, PROFiTEZ-EN POUR REBOUCHER LES TROUS ET REFAiRE LE PAPiER PEiNT.
Si VOUS PLANTEZ VOS FLÉCHETTES DANS L'ŒiL DE QUELQU'UN, PASSEZ VOS VACANCES AVEC LUi À L'HÔPiTAL.

le guide des Vacances

DESSINS : CLECH
SCÉNARIO : GOUPIL
COULEURS : JACKY ROBERT

VENTS D'OUEST

31-33, rue Ernest-Renan
92130 Issy-Les-Moulineaux
www.ventsdouest.com

Dépôt légal : mai 2003
Achevé d'imprimer en France en mai 2003
par *Partenaires-Livres®* *(J.L.)*

À QUI S'ADRESSE CE GUIDE ?
À CEUX QUI PARTENT
J'SAIS PAS OÙ ON EST !
T'AURAIS PEUT-ÊTRE DÛ PRENDRE UNE CARTE ROUTIÈRE ?
LE GUIDE DES VACANCES
1732QX
CE GUIDE VOUS DONNERA TOUS LES PRÉCIEUX CONSEILS DONT VOUS N'AVIEZ JAMAIS EU BESOIN. NE NOUS REMERCIEZ PAS, C'EST TOUT NATUREL.
À CEUX QUI RESTENT
LE GUIDE DES VACANCES
SOUCIEUX D'HONNÊTETÉ, CE GUIDE EXPLORE ÉGALEMENT LES INCONVÉNIENTS DES VACANCES. DE QUOI VOUS CONSOLER DE NE PAS AVOIR À LES SUBIR !
À CEUX QUI VEULENT PARTIR
13
SE LANCE-T-ON À L'AVEUGLETTE DANS LA CONFECTION D'UN TARTARIN DE CARPE À LA TASTE-GNÔLE ? CERTES PAS ! POUR LES VACANCES, C'EST PAREIL ! IL FAUT ÊTRE GUIDÉ. ON EST LÀ ! OUF !
À CEUX QUI VEULENT RESTER
PARTIR C'EST CREVER UN PNEU, DISAIT BISON FUTÉ. C'EST POURQUOI VOUS NE VOULEZ NI PARTIR, NI CREVER. COMMENT ÉCHAPPER AUX VACANCES ? SUIVEZ LE GUIDE !
ÊTRE COOL
MY SWEET HOME
RESTER CHEZ SOI, LE PIED
STAY AT HOME, ZE FOOT
GUIDE DU NON-ROUTARD
COMMENT NE RIEN FAIRE
BULLER AU BOULOT
LE MISANTHROPE ET L'AUVERGNAT
RIEN + RIEN = RIEN
LE GUIDE DES VACANCES
LE RETOUR EN ARRIÈRE
LES ABSENTS SONT JAMAIS LÀ
RIEN NE SERT DE PARTIR
RESTER POUR NE PAS PARTIR
RESTER OU PAS RESTER ?
RESTE QUI VEUT
TOUCHE PAS AUX VALOCHES

6 ÉTAPES OBLIGATOIRES
POUR METTRE EN ROUTE LES VACANCES
CETTE ANNÉE NOUS ALLONS À LA CONQUÊTE DE LA CÔTE D'AZUR
À NOUS LA MÉDITERRANÉE ET LES SOIRÉES FRÉNÉTIQUES !
1. LE CHOIX DE LA DESTINATION EST CONSEILLÉ (MAIS PAS OBLIGATOIRE)
2. LE CHOIX DES PARTICIPANTS. ON NE PART PAS N'IMPORTE OÙ AVEC N'IMPORTE QUI, SINON C'EST N'IMPORTE QUOI !
PRÊTE À REJOINDRE LA TROUPE, ÉPOUSE GINETTE ?
YES SIR !
3. LE CHOIX DU BUDGET. L'ÉQUATION EST SIMPLE COMME EINSTEIN : + C'EST CHER = + IL FAUT D'ARGENT.
T'AS PRIS DU LIQUIDE ?
600 LITRES !
BORDEAUX SUPÉRIEUR
4. LE CHOIX DU MOYEN DE LOCOMOTION. POUSSE-POUSSE OU JET PRIVÉ ?
L'ANNÉE PROCHAINE, ON PREND MOINS DE BAGAGES OU ON CHANGE DE VOITURE
5. LE CHOIX DE L'HÉBERGEMENT. LA FORMULE "CHEZ L'HABITANT" CONNAIT UN FRANC SUCCÈS.
MONSIEUR BARCLAY EST DÉSOLÉ, IL DIT QU'IL NE VOUS CONNAÎT PAS...
IL NE SAIT PAS CE QU'IL PERD !
BORDEAUX SUPÉRIEUR
6. LE CHOIX DE QUI FAIT LA VAISSELLE.
TENEZ BON ! DANS DEUX JOURS NOUS AURONS PAYÉ NOTRE REPAS D'HIER...
2

AVEC QUI PARTIR ?
POUR AVOIR UNE PETITE CHANCE DE PASSER DE BONNES VACANCES.
AVANTAGES ET INCONVÉNIENTS
VOTRE CONJOINT
PATINS !
ÇA SE FAIT COURAMMENT, LES TRADITIONS SONT RESPECTÉES.
MÊME AU BORD DE LA MER, LE QUOTIDIEN RESTE LE QUOTIDIEN.
VOS MÔMES
ILS VOUS AIDERONT À FAIRE DES CHÂTEAUX DE SABLE.
ILS NE FONT PAS ASSEZ LA SIESTE.
VOTRE BELLE-FAMILLE
T'AS MIS TON COSTUME DE SUPERMAN, BEAU-FRÈRE ? FAIS GAFFE DE PAS M'ÉCLABOUSSER EN PLONGEANT ! HA HA HA !
ON CHERCHE, LAISSEZ-NOUS RÉFLÉCHIR.
REVENEZ PLUS TARD, ON N'A PAS FINI LA LISTE.
VOTRE ANIMAL DE COMPAGNIE
T'AS D'BEAUX YEUX, TU SAIS !
ET LA TRUFFE HUMIDE AUSSI.
IL VOUS TIENT COMPAGNIE QUAND VOTRE CONJOINT EST OCCUPÉ.
LUI NON PLUS NE SAIT PAS DANSER.
VOTRE MEILLEUR/E AMI/E
DEVINE OÙ TU AS LAISSÉ TRAÎNER TA CULOTTE ?
LA SALE...
DANS LA GLACIÈRE !
VOS DÉFAUTS L'AMUSENT.
LES SIENS VOUS SONT INSUPPORTABLES.
UNE STAR
TU TROUVES QU'ELLE EST BIEN, JULIA ROBERTS, COMME BABY SITTER ?
MIEUX QUE COMME CUISINIÈRE !
FINIS L'ANONYMAT ET LE CHAMPAGNE TIÈDE.
LES SMOKINGS BLANCS SONT DURS À NETTOYER.
3

COMMENT CHOISIR UNE DESTINATION ?
PARTIR EN VACANCES, C'EST BIEN, SAVOIR OÙ ALLER, C'EST MIEUX !
EN FEUILLETANT DES MAGAZINES
ET SI ON ALLAIT AUX SEYCHELLES, LES AUTOCHTONES Y SEMBLENT FORT AVENANTES...
EN FAISANT SES COMPTES
SI ON PREND L'AVION, ON COUCHE À LA BELLE ÉTOILE ET ON NE VISITE RIEN.
SI ON Y VA À LA NAGE, ON PEUT S'OFFRIR LE CAMPING ET DEUX MUSÉES.
EN FAISANT COMME SES VOISINS
ÇA Y EST, ILS PARTENT ! EN ROUTE POUR LES VACANCES !
POURVU QU'ILS N'AILLENT PAS À LA MER, JE N'AI PAS DE MAILLOT.
EN ORGANISANT UN VOTE DÉMOCRATIQUE
VOTEZ POUR LA MONTAGNE ET JE DOUBLE LA RATION DE BONBONS !
VOTEZ POUR LA MER ET JE LA TRIPLE !
EN CONSULTANT UN VOYAGISTE
NOUS AVONS DES PROMOS SUR LES BUNGALOWS DANS L'ARCTIQUE...
ET NOUS VOUS OFFRONS UNE CARTE POSTALE, POUR TOUT SÉJOUR DE SIX MOIS...
EN ÉCOUTANT CE QUI SE DIT AU BOULOT
CETTE ANNÉE NOUS ALLONS CHEZ MES BEAUX-PARENTS.
NOUS ON NE PART PAS, ON REFAIT LES PAPIERS PEINTS.
MOI JE RESTE À PARIS, ET TOI ?
JE REFAIS LES PAPIERS PEINTS CHEZ MES BEAUX-PARENTS À PARIS.
AU FAIT, AVEZ-VOUS CONSTATÉ QU'IL EXISTE DES VOYAGISTES ET PAS DE VACANCISTES ? DINGUE, N'EST-CE PAS ?
4

COMMENT CHOISIR UNE DESTINATION AU HASARD ?
ET SI VOUS LAISSIEZ L'IMPRÉVISIBILITÉ DU DESTIN DÉCIDER POUR VOUS ?
AVEC UNE FLÉCHETTE. FERMEZ LES YEUX ET LANCEZ-LA SUR UNE CARTE.
BON ! DESTINATION L'HÔPITAL !
QUI VIENT AVEC MOI ?
À DÉFAUT DE FLÉCHETTES, ON PEUT UTILISER DES FOURCHETTES.
EN OUVRANT UN CATALOGUE AU HASARD
ALORS ? ON VA OÙ ?
RAYON CHAUSSETTES...
SORRY ! NOUS VOULIONS DIRE "EN OUVRANT AU HASARD UN CATALOGUE DE VOYAGES".
EN CONSULTANT LES ORACLES
LE PENDULE INDIQUE PLOUFRAOUEC, LA BOULE DE CRISTAL SARTAFOUILLIS ET LE MARC DE CAFÉ WURMBERGHEN...
NOUS IRONS À LA FOIRE DU TRÔNE.
EN ALLANT EXACTEMENT À L'OPPOSÉ DE SON BEAU-FRÈRE
20.000 KM ENTRE NOUS, C'EST UN MINIMUM !
EN SUIVANT LE TROUPEAU
JE VAIS OÙ, LÀ ?
TOUT DROIT !
ET SI LE HASARD NE SE DÉCIDE PAS ? HEIN, QU'EST-CE QU'ON FAIT ?
J'EN SAIS RIEN... ET SI VOUS RESTIEZ CHEZ VOUS ? C'EST PAS MAL, CHEZ VOUS, NON ?
'TOUTES FAÇONS, JE PRÉFÈRE DESSINER UNE PLAGE AVEC DES FILLES EN BIKINI...

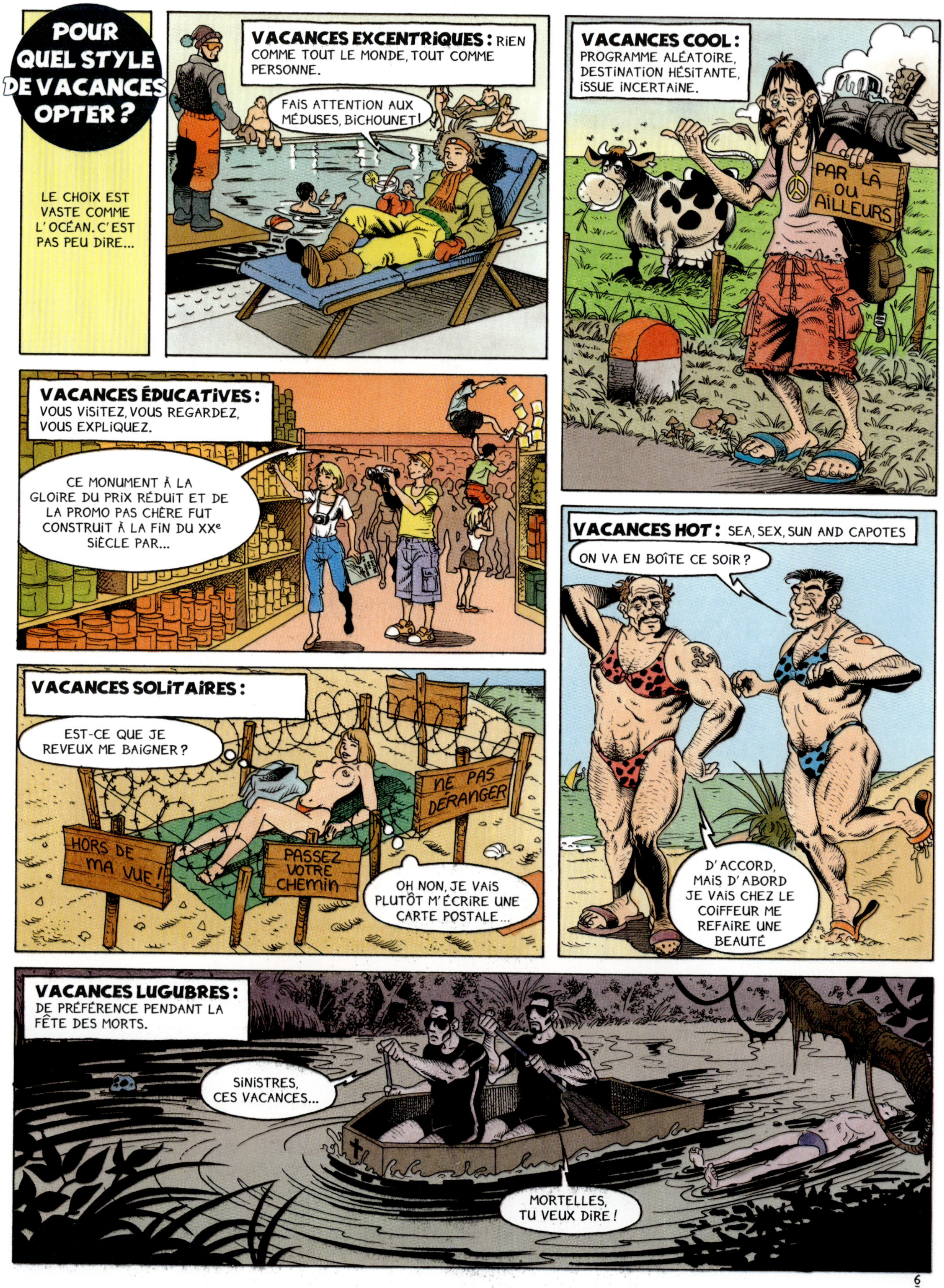
POUR QUEL STYLE DE VACANCES OPTER ?
LE CHOIX EST VASTE COMME L'OCÉAN. C'EST PAS PEU DIRE...
VACANCES EXCENTRIQUES : RIEN COMME TOUT LE MONDE, TOUT COMME PERSONNE.
FAIS ATTENTION AUX MÉDUSES, BICHOUNET !
VACANCES COOL : PROGRAMME ALÉATOIRE, DESTINATION HÉSITANTE, ISSUE INCERTAINE.
PAR LÀ OU AILLEURS
VACANCES ÉDUCATIVES : VOUS VISITEZ, VOUS REGARDEZ, VOUS EXPLIQUEZ.
CE MONUMENT À LA GLOIRE DU PRIX RÉDUIT ET DE LA PROMO PAS CHÈRE FUT CONSTRUIT À LA FIN DU XXe SIÈCLE PAR...
VACANCES HOT : SEA, SEX, SUN AND CAPOTES
ON VA EN BOÎTE CE SOIR ?
D'ACCORD, MAIS D'ABORD JE VAIS CHEZ LE COIFFEUR ME REFAIRE UNE BEAUTÉ
VACANCES SOLITAIRES :
EST-CE QUE JE REVEUX ME BAIGNER ?
NE PAS DÉRANGER
HORS DE MA VUE !
PASSEZ VOTRE CHEMIN
OH NON, JE VAIS PLUTÔT M'ÉCRIRE UNE CARTE POSTALE...
VACANCES LUGUBRES : DE PRÉFÉRENCE PENDANT LA FÊTE DES MORTS.
SINISTRES, CES VACANCES...
MORTELLES, TU VEUX DIRE !
6

VACANCES DE STARS : SHARON STONE ET SPIDER-MAN À HONFLEUR !
SAPERLIPOPETTE, JE SUIS SOUS MON MAUVAIS PROFIL !
RENTRE LES FESSES...
VACANCES BRICOLO : AH, SI J'AVAIS UN MARTEAU, DISAIT LE CHANTEUR !
Ajustez la pièce RZ-643-22 avec le montant SAKOLO 13 B au moyen du serpenteur alvéolaire fourni (sac n° 6489). Coller ensuite l' ensemble à la structure n° 2…
???
CONSTRUISEZ VOTRE RÉSIDENCE SECONDAIRE EN 24 HEURES
DULPO
VACANCES MÉCANO : C'EST COMME LE BRICOLO, SAUF QUE ÇA SE PASSE DANS UN GARAGE QUI PUE.
PASSE-MOI UNE PINCE !
VACANCES FESTIVES : LEVÉ À 20H, COUCHÉ À 8H. C'EST LES VACANCES À L'ENVERS.
ÉPICERIE - TAVER
ET M... C'EST FERMÉ ! QU'EST-CE QU'ON VA MANGER ?
UNE SOUPE SANGRIA-MARTINI ?
SOLDES 50%
VACANCES LUDIQUES : UN PROGRAMME 100% CONSACRÉ AU JEU.
JE JOUE MA FEMME !
CONTRE MA CARAVANE ? OK !
VACANCES SPORTIVES : EFFORT, TRANSPIRATION ET ÉPUISEMENT SERONT LE NERF DE CES CONGÉS.
UNE USINE, UN BOULOT, N'IMPORTE QUOI, QUE JE ME REPOSE !
" CHOISIR SES VACANCES C'EST DÉJÀ PARTIR", DISAIT LE VOYAGISTE EN NOTANT VOTRE NUMÉRO DE CARTE BANCAIRE.
7

FAUT-IL DE L'ARGENT ?
PAS OBLIGATOIREMENT ! ON PEUT AUSSI AVOIR DE L'OR, MONSIGNORE.
AFIN DE DÉFINIR VOTRE BUDGET, VOICI DEUX EXEMPLES À COMPARER.
POUR QUELQUES EUROS, ON PEUT RESTER CHEZ SOI ET PASSER D'EXCELLENTS CONGÉS DEVANT LA TÉLÉ.
POUR 100.000 EUROS ON PEUT LOUER UNE VILLA ASSEZ CONFORTABLE DANS UN ENDROIT RELATIVEMENT PARADISIAQUE.
ON PEUT AUSSI TROUVER BIEN MOINS CHER !
C'EST CHACUN SELON SON GOÛT.
QUOI T'EST-CE, LES CONGÉS PAYÉS ? MIRACLE DU PROGRÈS SOCIAL, VOTRE PATRON VOUS RÉMUNÈRE QUAND VOUS ÊTES EN VACANCES !
TOUTEFOIS SA GÉNÉROSITÉ S'ARRÊTE LÀ. NE COMPTEZ PAS SUR LUI POUR PAYER LA LOCATION DU PÉDALO.
LE PROGRÈS SOCIAL A SES LIMITES.
COMBIEN FAUT-IL PRÉVOIR ?
À PEU PRÈS...
ENVIRON...
PLUS OU MOINS.
ET ENCORE, SANS TENIR COMPTE DES FRAIS ANNEXES. C'EST DIRE !
COMMENT AVOIR DES SOUS ? EN ALLANT EN RETIRER, C'EST PAS COMPLIQUÉ.
LE CONTENU DU COFFRE ET UN MAILLOT DE BAIN !
ET DE LA CRÈME SOLAIRE !
QUELLES DEVISES EMPORTER ? EUROS, DOLLARS OU BIJOUX DE PACOTILLE, C'EST SELON LA DESTINATION.
MA DEVISE, C'EST "L'ARGENT N'A PAS D'ODEUR" !
VOS CHAUSSETTES, SI !

COMMENT PARTIR POUR PAS CHER ?
AMIS FAUCHÉS, CETTE PAGE EST POUR VOUS.
EN STOP : UN POUCE, UNE ROUTE, ET LE TOUR EST JOUÉ.
+ UNE CHAISE LONGUE ET UNE BIÈRE AUSSI.
BANGKOK
EN PASSAGER CLANDESTIN : LA RÈGLE ? UN PETIT GABARIT DANS UN GRAND COFFRE.
EST-CE QUE MON BAISE-EN-VACANCES EST DANS LE COFFRE ?
EN SE FAISANT INVITER
IL N'Y A QU'UNE SALLE DE BAINS ? C'EST ENNUYEUX...
ON VA CHEZ LES MARTIN, IL Y EN A DEUX !
EN PARTANT PRÈS DE CHEZ VOUS
JE VAIS AUX TOILETTES.
T'AS PRIS UN PLAN ?
WC 3400mm
PAS LA PEINE, 'Y A DU PAPIER !
EN GAGNANT UN CONCOURS : LES TÉMOIGNAGES LE CONFIRMENT, ÇA VAUT LE COÛT !
J'AI GAGNÉ UNE SEMAINE À L'ÎLE MAURICE.
J'AI GAGNÉ UNE SEMAINE À LILLE CHEZ MAURICE.
J'AI PAS JOUÉ.
ENCORE MOINS CHER, RÉMUNÉRATEUR MÊME, LA FORMULE PARTIR ET TRAVAILLER EN MÊME TEMPS.
TEMPS SUPERBE... RÉGION MAGNIFIQUE... PENSONS BIEN À VOUS... GROS BISOUS.
9

QUOI EMMENER DONC ?
CERTAINS N'EMPORTENT QUE LEUR ORGANE GÉNITAL ET UN INSTRUMENT COMPOSÉ D'UN MANCHE ET D'UNE LAME TRANCHANTE...
FAUT-IL PRENDRE UN SAC OU UNE VALISE ?
LE SAC DE VOYAGE FAIT BON USAGE, LA VALISE DIPLOMATIQUE EST TRÈS PRATIQUE.
DEUX CATÉGORIES D'AFFAIRES SONT À DISTINGUER : L'UTILE ET LE SUPERFLU.
L'UTILE EST UTILE.
LE SUPERFLU EST PARFOIS INDISPENSABLE.
NOUS ALLONS VOUS AIDER À TRIER.
DE LA CULTURE ? MUSIQUE, BD, PRESSE PEOPLE, RADIS.
UTILE
VOS COLLECTIONS ?
SUPERFLU
ILS CRAIGNENT L'HUMIDITÉ
IL Y A DÉJÀ DES MOUSTIQUES
MODÈLES TROP RÉDUITS POUR TOUTE LA FAMILLE
ÇA FAIT DÉSORDRE
UNE TROUSSE À PHARMACIE ?
MARIE-JANE
EXTINCTEUR
LAXATIF
ANXIOLITIQUES
PLACEBO
THÉ
THERMOMÈTRE
ANTI-VENIN
UTILE
ANTI-INFECTIEUX
T MOI
VIAGRA
ANTI-RIDE
SPARADRAP
ANTI-POISON
ANTIPATHIQUE
AUSSI
HUILE DE FOIE DE MORUE
MERCUROCHROME
PACEMAKER
SCOTCH
ALCOOL
VOTRE ATELIER DE BRICOLAGE ?
FORGE
SUPERFLU
TRONÇONNEUSE
ÉTAU
EN REVANCHE, QUELQUES OUTILS SOIGNEUSEMENT CHOISIS PEUVENT DÉPANNER.
UTILE
10

DU PAPIER ?
utile
PAPIERS D'IDENTITÉ, PAPIER MONNAIE...
superflu
AUTRES PAPIERS
super utile
PAPIER TOILETTE
DES MAILLOTS ?
utile
SI VOUS FAITES LE TOUR DE LA FRANCE, UN MAILLOT JAUNE SUFFIT.
UNE TENUE DE SKI ? POUR LES VACANCES EN HIVER UNIQUEMENT.
ça dépend
DU BOULOT OU DU MÉTRO ?
LA MER MONTE ?
VENDEZ !
super-superflu
DU TABAC ?
super inutile
TROUVILLE SOUS LE TROPIQUE DU CANCER... UNIQUE.
COMMENT RANGER TOUT ÇA ? COMME POUR LES HAMBURGERS, IL FAUT ALTERNER LES COUCHES.
LE SUPERFLU EST À METTRE EN PREMIER.
LE NÉCESSAIRE ENSUITE.
L'INDISPENSABLE EN FONCTION DE LA PLACE RESTANTE.
NOTE :
POUR LES VOYAGES EN STOP, ON CONSEILLE DE NE PAS DÉPASSER 4 OU 5 VALISES EN PLUS DU SAC À DOS.
11

QUEL MAILLOT EMPORTER ?
UNE QUESTION À NE PAS PRENDRE À LA LÉGÈRE...
CLASSIQUE
LE MAILLOT UNE PIÈCE
SEXY
LE BIKINI
TRÈS SEXY
LE MONOKINI
CHAUD
LE BOKUNU
TROP CHAUD
LE JOGGING
BANAL
ZZZ
LE RIEN
BON À SAVOIR : SI VOUS PASSEZ VOS VACANCES EN AUSTRALIE, UN SLIP KANGOUROU FERA TRÈS BIEN L'AFFAIRE.
ÉCONOMIQUE ! ON PEUT ÉGALEMENT TRICOTER SOI-MÊME SON MAILLOT.
12

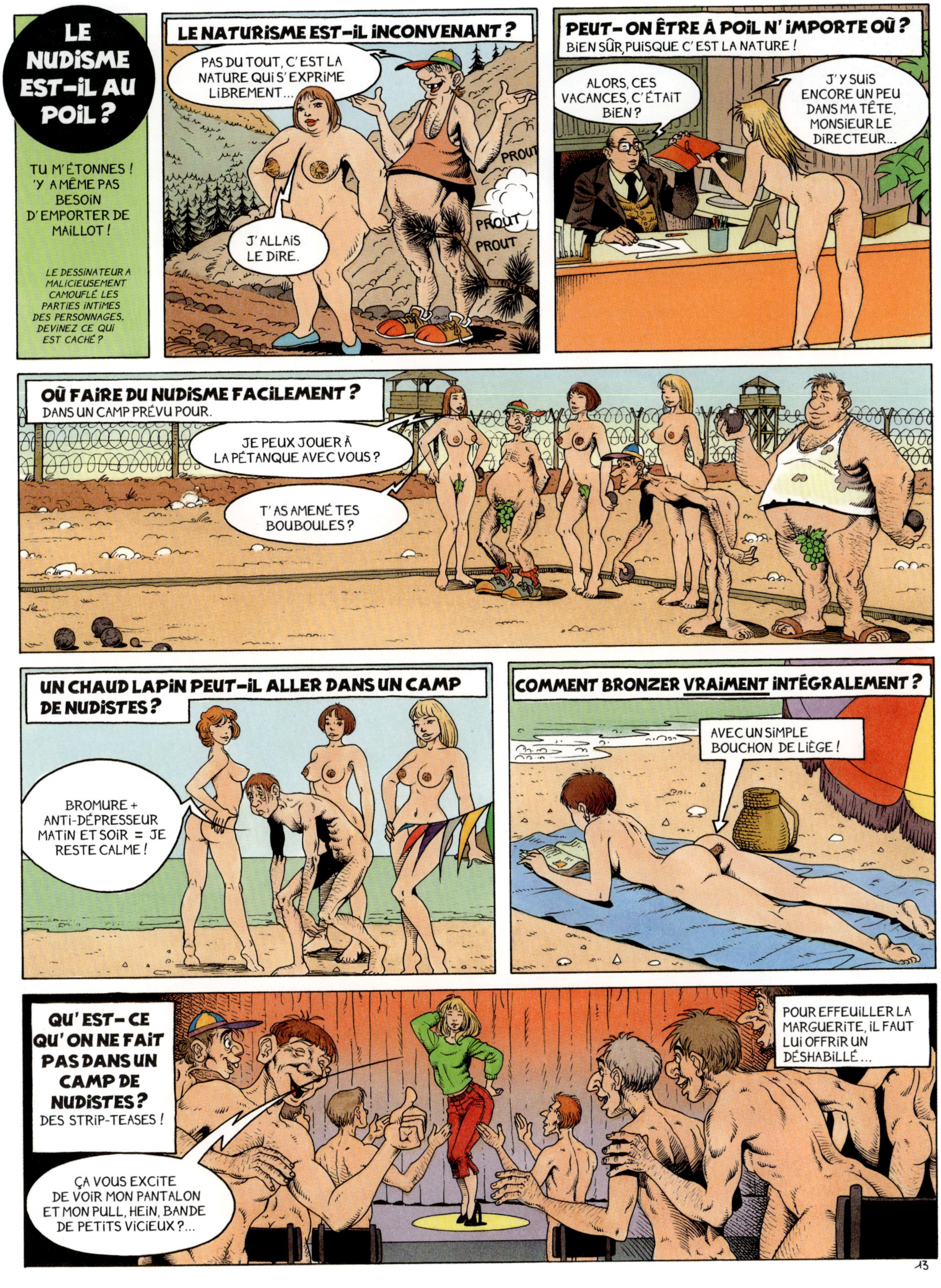
LE NUDISME EST-IL AU POIL ?
TU M'ÉTONNES ! 'Y A MÊME PAS BESOIN D'EMPORTER DE MAILLOT !
LE DESSINATEUR A MALICIEUSEMENT CAMOUFLÉ LES PARTIES INTIMES DES PERSONNAGES. DEVINEZ CE QUI EST CACHÉ ?
LE NATURISME EST-IL INCONVENANT ?
PAS DU TOUT, C'EST LA NATURE QUI S'EXPRIME LIBREMENT...
J'ALLAIS LE DIRE.
PROUT
PROUT
PROUT
PEUT-ON ÊTRE À POIL N'IMPORTE OÙ ?
BIEN SÛR, PUISQUE C'EST LA NATURE !
ALORS, CES VACANCES, C'ÉTAIT BIEN ?
J'Y SUIS ENCORE UN PEU DANS MA TÊTE, MONSIEUR LE DIRECTEUR...
OÙ FAIRE DU NUDISME FACILEMENT ?
DANS UN CAMP PRÉVU POUR.
JE PEUX JOUER À LA PÉTANQUE AVEC VOUS ?
T'AS AMENÉ TES BOUBOULES ?
UN CHAUD LAPIN PEUT-IL ALLER DANS UN CAMP DE NUDISTES ?
BROMURE + ANTI-DÉPRESSEUR MATIN ET SOIR = JE RESTE CALME !
COMMENT BRONZER VRAIMENT INTÉGRALEMENT ?
AVEC UN SIMPLE BOUCHON DE LIÈGE !
QU'EST-CE QU'ON NE FAIT PAS DANS UN CAMP DE NUDISTES ?
DES STRIP-TEASES !
ÇA VOUS EXCITE DE VOIR MON PANTALON ET MON PULL, HEIN, BANDE DE PETITS VICIEUX ?...
POUR EFFEUILLER LA MARGUERITE, IL FAUT LUI OFFRIR UN DÉSHABILLÉ...
13

SI LE CAMPING VOUS TENTE...
IL FAUT PRENDRE DES DISPOSITIONS SPÉCIFIQUES.
PARTICULARITÉ DU CAMPING : IL FAUT APPORTER SON LOGEMENT.
VOUS PRENDREZ LES PLACES 219, 220, 221, 222, 223, 224, 225, 226 ET 227.
QUELLE TENTE EMPORTER ?
LA TENTE CANADIENNE : SI VOUS ÊTES UN ONCLE D'AMÉRIQUE.
LA TANTE GERTRUDE : SI VOUS AIMEZ LA TARTE AUX VERRUES.
LA TENTE À OXYGÈNE : SI VOUS AVEZ BESOIN D'AIR PUR.
LE CHAPITEAU DE CIRQUE : SI VOUS EMMENEZ VOTRE MÉNAGERIE.
LE TIPI : SI VOUS FAITES ENCORE TIPI AU LIT (HA HA !).
ET LA CARAVANE ? C'EST UNE TENTE EN DUR AVEC DES ROUES.
DEHORS, ELLE EST D'UN ENCOMBREMENT MINIMUM.
DEDANS, ELLE OFFRE UN CONFORT MAXIMUM. C'EST MAGIQUE !
OÙ PEUT-ON CAMPER ? SUR LES TERRAINS PRÉVUS POUR.
ICI C'EST PARFAIT, ILS ONT MÊME PRÉVU LES TROUS POUR LES PIQUETS.
SACHEZ-LE, PAS BESOIN D'ÊTRE UN ZOULOU POUR FAIRE DU CAMPING SAUVAGE.
OUHOUHOUHOOOOOUUUUU
ATTENTION, SI UN CHIEN ABOIE, C'EST QU'UNE CARAVANE PASSE. C'EST CONNU.
14

QUAND PARTIR ?
LA QUESTION MÉRITE D'ÊTRE POSÉE PUISQUE SI ON NE SAIT PAS QUAND ON PART, EH BIEN ON NE PART JAMAIS.
QUAND TOUT LE MONDE PART. OUBLIEZ BISON FUTÉ, GOUTEZ AU CHARME EXQUIS DE LA PROMISCUITÉ AUTOMOBILE.
VOUS ÊTES LAS !
COINCÉ ENTRE UNE PEUGEOT ET UN 38 TONNES SOUFFRETEUX, VOUS REGRETTEZ D'AVOIR SUIVI NOTRE CONSEIL.
ON VOUS COMPREND. D'AUTANT QUE NOUS-MÊMES NOUS NE LE SUIVONS PAS.
QUAND PERSONNE NE PART. LE 23 NOVEMBRE À 3 H DU MAT', PAR EXEMPLE.
TU AS PRIS DES JOUETS ?
J'AI VIDÉ LE COFFRE !
CHHTTT
QUAND ON VOUS LE DIT !
À VOS MARQUES (DÉPOSÉES)... PRÊTS...
ZATIK
QUAND VOUS ÊTES PRÊTS. C'EST UNE ÉVIDENCE POUR CERTAINS.
COMMENT ÇA, ON PART DANS 10 MINUTES ?!
COMMENT ÇA, L'AVION N'ATTEND PAS ?...
UNE ANGOISSE POUR D'AUTRES.
À CHAQUE FOIS QUE C'EST POSSIBLE. EN ÉTÉ, EN HIVER, AU PRINTEMPS ET MÊME À L'AUTOMNE, TOUT LE TEMPS PARTIR !
C'EST FACILE, IL SUFFIT D'ÊTRE RICHE !
VOUS POUVEZ ÉGALEMENT PARTIR MERCREDI. C'EST BIEN MERCREDI, NON ?
15

POURQUOI NE PAS PARTIR ?
Y'EN A QUI RESTENT ET QUI SONT BIEN CONTENTS DE RESTER. NA !
TEMPS SUPERBE SUR TOUT LE LITTORAL...
ON EST BIEN CHEZ SOI AVEC TOUTES SES P'TITES AFFAIRES.
SUR LES PLAGES, L'HEURE EST À LA DÉTENTE...
ON EST TRANQUILLE, LES VOISINS SONT PARTIS. LES RUES SONT DÉSERTES.
UNE INITIATIVE AMUSANTE POUR PASSER DES VACANCES GÉNIALES...
OÙ ALLER ? C'EST PARTOUT PAREIL !
COMME LA MONTAGNE EST BELLE PENDANT L'ÉTÉ...
LA VOITURE EST EN PANNE, LES TRAINS ET LES AVIONS EN GRÈVE ET LE DROMADAIRE EST FATIGUÉ.
LE SOLEIL BRILLE, LES FILLES SONT JOLIES, LA MER EST CALME...
C'EST PAS TRÈS ORIGINAL, TOUT LE MONDE Y VA. ET PIS POUR Y FAIRE QUOI ?
DU REPOS, DU TOURISME, DU BEAU TEMPS, TELLE EST LA RECETTE IDÉALE DE L'ÉTÉ...
RIEN NE SERT DE COURIR, IL FAUT PARTIR À POINT ET VOUS N'ETES PAS AU POINT.
ALORS LES VACANCES, HEIN, ON EN FAIT TOUT UN PLAT, MAIS ON SE DEMANDE BIEN POURQUOI !
16

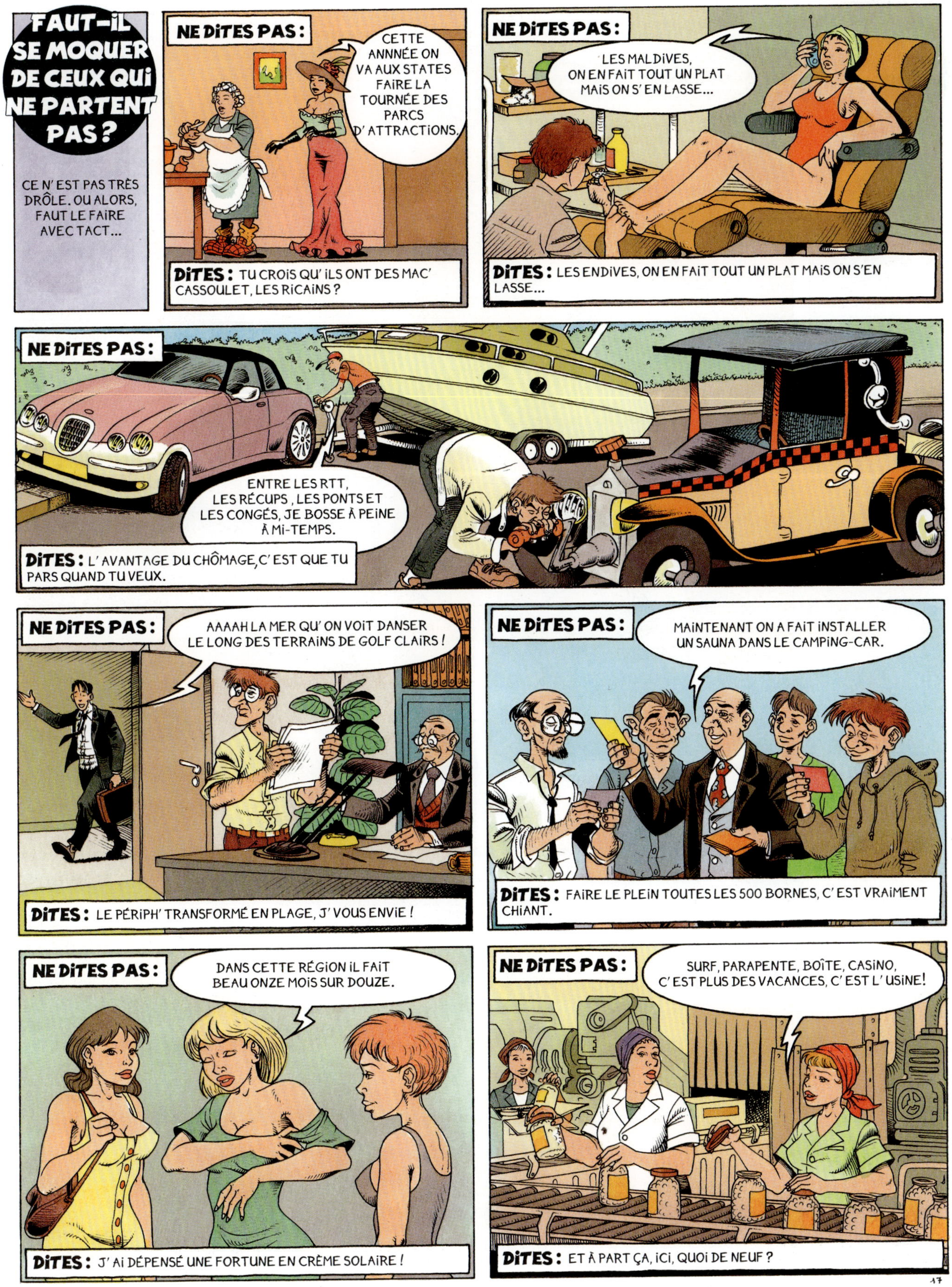
FAUT-IL SE MOQUER DE CEUX QUI NE PARTENT PAS ?
CE N'EST PAS TRÈS DRÔLE. OU ALORS, FAUT LE FAIRE AVEC TACT...
NE DITES PAS :
CETTE ANNNÉE ON VA AUX STATES FAIRE LA TOURNÉE DES PARCS D'ATTRACTIONS.
DITES : TU CROIS QU'ILS ONT DES MAC' CASSOULET, LES RICAINS ?
NE DITES PAS :
LES MALDIVES, ON EN FAIT TOUT UN PLAT MAIS ON S'EN LASSE...
DITES : LES ENDIVES, ON EN FAIT TOUT UN PLAT MAIS ON S'EN LASSE...
NE DITES PAS :
ENTRE LES RTT, LES RÉCUPS, LES PONTS ET LES CONGÉS, JE BOSSE À PEINE À MI-TEMPS.
DITES : L'AVANTAGE DU CHÔMAGE, C'EST QUE TU PARS QUAND TU VEUX.
NE DITES PAS :
AAAAH LA MER QU'ON VOIT DANSER LE LONG DES TERRAINS DE GOLF CLAIRS !
DITES : LE PÉRIPH' TRANSFORMÉ EN PLAGE, J'VOUS ENVIE !
NE DITES PAS :
MAINTENANT ON A FAIT INSTALLER UN SAUNA DANS LE CAMPING-CAR.
DITES : FAIRE LE PLEIN TOUTES LES 500 BORNES, C'EST VRAIMENT CHIANT.
NE DITES PAS :
DANS CETTE RÉGION IL FAIT BEAU ONZE MOIS SUR DOUZE.
DITES : J'AI DÉPENSÉ UNE FORTUNE EN CRÈME SOLAIRE !
NE DITES PAS :
SURF, PARAPENTE, BOÎTE, CASINO, C'EST PLUS DES VACANCES, C'EST L'USINE !
DITES : ET À PART ÇA, ICI, QUOI DE NEUF ?
17

COMMENT SE FAIRE GUIDER ?
LES VACANCES, ÇA SE PRÉPARE, SINON OÙ VA-T-ON, HEIN ?
PRENDRE CONSEIL AUPRÈS D'UN SPÉCIALISTE
TOI QUI AIMES BIEN L'OMELETTE NORVÉGIENNE, TU POURRAIS M'AIGUILLER POUR MES VACANCES NORDIQUES ?
REGARDER DES ÉMISSIONS DE TÉLÉ INTELLIGENTES (CHERCHEZ BIEN, IL Y EN A)
LE PLUS CÉLÈBRE MONUMENT D'ÉGYPTE EST :
A: La pyramide du Louvre
B: La statue d' Ali Berté
C: Le loukoum du Sinaï
D: Le Canal des Doges
LE MEILLEUR MOYEN, C'EST ENCORE D'ACHETER UN GUIDE. MAIS LEQUEL ? ILS ONT TOUS DES INCONVÉNIENTS...
"VISIT ZE TWINS TOWER"
TOWER
LE GUIDE TOURISTIQUE N'EST PAS TOUJOURS ACTUALISÉ.
LE GUIDE HUMAIN DOIT ÊTRE NOURRI DEUX FOIS PAR JOUR.
L'ENCYCLOPÉDIE PÈSE LOURD DANS LE SAC À DOS.
LE GUIDE INTERNET EST TROP BRANCHÉ.
LE GUIDE GASTRONOMIQUE EST MAUVAIS POUR LE RÉGIME.
18

1001 FAÇONS DE PARTIR...
QUAND 'FAUT Y ALLER, COMMENT 'FAUT Y ALLER ?
LA LOCOMOTION ÉCOLOGIQUE : BASKETS, VÉLO, ROLLERS...
ÉCONOMIQUE...
BON POUR LA SANTÉ...
MAIS CREVANT !
LA LOCOMOTION ANIMALE : CHEVAL, ÂNE, BŒUF, VEAU, VACHE, COCHON...
NATUREL...
PAISIBLE...
MAIS CAPRICIEUX !
LA LOCOMOTION MOTORISÉE : AUTO, MOTO, BÉTAILLÈRE, MOBYLETTE...
RAPIDE (PARFOIS)...
CONFORTABLE (EN GÉNÉRAL)...
MAIS POLLUANT !
LA LOCOMOTION AÉRIENNE : AVION, MONTGOLFIÈRE, PARAPENTE, PIGEON VOYAGEUR...
PAS DE BOUCHONS...
PAS DE CHAUFFARDS...
MAIS DES GRÈVES !
LA LOCOMOTION MARITIME : PAQUEBOT, PÉNICHE, YACHT, PÉDALO...
DU CALME...
DE L' AIR PUR...
MAIS DES ICEBERGS !
LA LOCOMOTION FERROVIAIRE : TGV, MICHELINE, TRAIN-TRAIN...
DU REPOS...
DE LA SÉCURITÉ...
MAIS DES SANDWICHS ANÉMIQUES !

LAISSEZ-LES VIVRE !
ON EN RIGOLE, ON EN RIGOLE, MAIS C'EST QUAND MÊME INSUPPORTABLE.
CERTAINS PROFITENT DES VACANCES POUR FAIRE LE VIDE DANS LEUR TÊTE ... D'AUTRES LE FONT DANS LEUR ENTOURAGE.
1... 2... 3... 4... 5... 6...
IL Y A CEUX QUI ABANDONNENT LEURS ANIMAUX DOMESTIQUES.
COMMENT RÉAGIRAIENT-ILS SI LES ANIMAUX LEUR FAISAIENT PAREIL ?
A-T-ON LE DROIT D'ABANDONNER SA FAMILLE ? EN PRINCIPE C'EST INTERDIT.
SOCIETE PROTECTRICE DES BELLES-MERES
S.P.B.M. société protectrice des belles-mères
MAIS IL Y A CLÉMENCE POUR LES BELLES-MÈRES ACARIÂTRES.
PEUT-ON LAISSER SES ENFANTS SUR UN PARKING ? ET LES RÉCUPÉRER AU RETOUR ?
SHULL
SHULL
EN PRINCIPE, NON, MÊME S'IL Y A DES JEUX SUR L'AIRE DE REPOS.
PEUT-ON S'OUBLIER SOI-MÊME ? ÇA ARRIVE.
CHÉRI, T'AS ENCORE OUBLIÉ DE METTRE TES COUCHES !
ET SI VOUS ABANDONNIEZ VOTRE VOITURE ?
DÉBRANCHEZ LE KLAXON, ELLE NE POURRA MÊME PAS QUÉMANDER DE L'AIDE.
CERTAINS ABANDONNENT ÉGALEMENT LEURS POUBELLES N'IMPORTE OÙ.
ILS NE MÉRITENT MÊME PAS D'EXISTER, CES DÉTRITUS HUMAINS !
20

VIVE LES BOUCHONS !
UN VERRE, ÇA VA, UNE BOUTEILLE AUSSI, MAIS UN BOUCHON, BONJOUR LES DÉGÂTS !
POURQUOI Y A-T-IL DES BOUCHONS ?
PARCE QUE TOUS CES ABRUTIS PARTENT LE MÊME JOUR QUE MOI !
BANDE DE MOUTONS !
FAUT-IL S'ÉNERVER ? NON, ÇA NE SERT À RIEN, CETTE DE BOUCHON FINIRA BIEN PAR SE DISSIPER.
COMMENT PATIENTER ?
CARRÉ D'AS ! PASSE-MOI TA CARAVANE !
CARRÉ D'AGNEAU, PASSE-MOI LA SAUCE !
ZZZZZZZ
RRRRRRR
DANS UN PETIT BOUCHON : EN PAPOTANT AVEC LES VOISINS.
DANS UN MOYEN BOUCHON : EN SE REMPLISSANT L'ESTOMAC.
DANS UN GROS BOUCHON : EN TOMBANT DANS LES BRAS DE MORPHÉE
QUI EST BISON FUTÉ ? C'EST UN BOVIDÉ SAUVAGE TRÈS MALIN QUI FONCE SUR LES ROUTES POUR DÉTECTER LES POINTS CHAUDS.
TCHOC
TCHOC
TCHOC
TCHOC
QU'ON SE LE DISE, BISON FUTÉ EST LE ROI DU BOUCHON
COMMENT ÉVITER LES BOUCHONS ? EN PARTANT AVANT TOUT LE MONDE VERS UNE DESTINATION QUI N'INTÉRESSE PERSONNE.
ENCORE 3 HEURES ET ON EST ARRIVÉS !
DÉCHARGE 22 KM
SI VOTRE MARI S'OBSTINE À PRÉFÉRER LES BOUCHONS, C'EST QUE LUI AUSSI EST BOUCHÉ.
21

SAGES RECOMMANDATIONS POUR LA ROUTE
ON NE VA PAS VOUS LAISSER PARTIR COMME ÇA !
PEUT-ON DORMIR AU VOLANT ? OUI, À CONDITION DE NE PAS DÉPASSER 130 KM/H (110 PAR TEMPS DE PLUIE).
BOIRE OU CONDUIRE, IL FAUT CHOISIR ? ON NOUS POSE LA QUESTION DEPUIS DES ANNÉES. MAIS CHOISIR QUOI, AU FAIT ?
COMMENT SE DÉTENDRE ? SE DÉTENDRE ? POURQUOI ? CE N'EST PAS CRISPANT DE CONDUIRE...
EST-IL IMPORTANT DE TENIR SA MOYENNE ? MAIS NON, VOUS N'ÊTES PLUS À L'ÉCOLE. ON S'EN FOUT DE LA MOYENNE !
DEMI-TOUR, VOUS AVEZ ÉTÉ TROP RAPIDE !
QUE VEUT DIRE LE PROVERBE SI T'ES À JEUN, TU DÉPASSERAS PAS AGEN ? IL VEUT DIRE QU'IL NE FAUT PAS PARTIR LE VENTRE VIDE.
WC
SE NOURRIR EXCLUSIVEMENT DE PRUNEAUX N'EST PAS NON PLUS UNE SOLUTION.
LES ENFANTS DOIVENT-ILS ÊTRE CALMES ? VOUS POUVEZ LES SUREXCITER AVANT DE PARTIR, SI ÇA VOUS AMUSE.
NOUS ON PRÉFÈRE LA SOUPE POIREAUX/CALMANTS.
COMBIEN DE KM PEUT-ON FAIRE D'UNE TRAITE ? ÇA DÉPEND DU VÉHICULE ET DU CONDUCTEUR. DANS VOTRE CAS PRÉCIS, NOUS PRÉCONISONS 317 KM.
22

LE CHOIX DU VÉHICULE
VOUS Y TENEZ ABSOLUMENT, À PARTIR EN VOITURE ? BON, OK, ALORS CHOISISSEZ-EN UNE ADAPTÉE À VOS BESOINS.
DES VOITURES, IL Y EN A DES TAS.
J'EN VOUDRAIS UNE ASSORTIE À MES CHAUSSETTES...
ET SI VOUS CHANGEZ DE CHAUSSETTES...
JAMAIS !
CHOISIR SUR DES CRITÈRES RATIONNELS.
J'AIME BIEN CELLE-CI, ELLE FAIT VIRIL.
J'AIME MIEUX CELLE QUI RESSEMBLE À UN POTIRON.
LA LÉGENDE " GROSSE VOITURE = PETITE QUÉQUETTE " EST FAUSSE, NOUS PRÉCISE LE CLUB DES GROSSES VOITURES.
ÊTES-VOUS CHAUD POUR UN VÉHICULE CLIMATISÉ ?
! ALORS, ÇA TE PLAÎT, L'ANGLETERRE EN OCTOBRE ?
SI VOUS AVEZ DES ENFANTS, N'OUBLIEZ PAS LES ACCESSOIRES GARANTS DE VOTRE TRANQUILLITÉ.
SCHLONCK !
ENSEMBLE HOME CINÉMA SON THX
BIIIIIIIIIIPP
TRAAAAAATAA
CONSOLE DE JEUX
BOULES QUIÈS
BING
BOUM
CRACK
MASSUE 4,5 KG
COMMENT ÉVITER LES ARRÊTS PIPI ?
EN INSTALLANT DES WC DANS SON AUTO. FACILE !
DÉMONTEZ LES FAUTEUILS DE CUIR
REMPLACEZ PAR DES SIÈGES EN PORCELAINE
LE SIÈGE CUVETTE NE DISPENSE PAS DE LA CEINTURE.

23

ON EST ARRIVÉS ?
IL EST PARFOIS DIFFICILE D'EN ÊTRE SÛR...
POUR DÉTERMINER PRÉCISÉMENT LE COIN DE VACANCES OÙ VOUS ÊTES, OBSERVEZ BIEN.
TOUT LE MONDE EST EN MAILLOT DE BAIN ?
VOUS ÊTES À LA MER !
PERSONNE N'EST EN MAILLOT DE BAIN ?
VOUS ÊTES À LA MONTAGNE !
LES CRABES SONT TRÈS GROS, TACHETÉS ET N'ONT PAS DE PINCES ?
VOUS ÊTES À LA CAMPAGNE !
LES GENS NE PARLENT PAS COMME VOUS ?
YOU ARE IN FOREIGN !
DIALOGUEZ AVEC LES GENS DU CRU POUR EN SAVOIR PLUS.
TOI Y'EN A CONNAITRE UNE CASE POUR LOGER DODO NOUS ?
ES POSSIBLES PLIZE FAVOR ?
24

OÙ POSER SES VALISES ?
SI VOUS PARTEZ AVEC UN SAC DE VOYAGE, LE TITRE EST :
OÙ VIDER SON SAC ?
AU CAMPING : SIMPLE MAIS CONFORTABLE !
CETTE ANNÉE, ON S'EST FABRIQUÉ UN "WATER BED" MAISON.
ON SE CROIRAIT SUR L'EAU !
À L'HÔTEL : LE PLAISIR D'ÊTRE SERVI.
QU'ON ME LAISSE DORMIR TOUTE LA SEMAINE !
À VOTRE SERVICE, MONSIEUR.
CHEZ DES AMIS : PRESQUE COMME À L'HÔTEL.
J'VOUS PRÉVIENS, J'EN FOUS PAS UNE DE LA SEMAINE !
À TON SERVICE !
ZZZZZZZ
DANS UNE LOCATION : L'INTIMITÉ COMME CHEZ SOI.
RRRRRRR
À LA BELLE ÉTOILE : PLUS PRÈS DE LA NATURE.
PAS CE SOIR, CHÉRI, J'AI LA MIGRAINE...
CHEZ L'HABITANT : CONTACT DIRECT AVEC L'AUTOCHTONE.
TU REPRENDS DE LA PURÉE ?
NON MERCI !
25

LES VACANCES ÇA GONFLE !
AVEZ-VOUS REMARQUÉ COMBIEN LES VACANCES DEMANDENT DU SOUFFLE ?
DÈS LE DÉPART, ON VOUS ANNONCE LA COULEUR :
AIR PUR
ÇA VA VOUS FAIRE DU BIEN DE CHANGER D'AIR.
AIR VICIÉ
EN CAMPING, POUR GAGNER DE LA PLACE, TOUT EST GONFLABLE.
QU'EST-CE QUI SE GONFLE ?
LE BATEAU
LE MATELAS
LA BOUÉE DU PETIT
LA PISCINE
QU'EST-CE QUI NE SE GONFLE PAS (ENCORE) ?
LES CASSEROLES
LES MAILLOTS DE BAIN
LE COUTEAU SUISSE
L'ÉCLAIRAGE
PAR CONTRE, ON PEUT ÉPOUSER UNE FEMME GONFLABLE.
T'AS BIENTÔT FINI ?
BLOUP BLOUP
LA POUPÉE GONFLABLE NE FAIT PAS QUE LA VAISSELLE.
QU'EST-CE QUI NOUS GONFLE ?
LES MECS QUI FONT DE LA GONFLETTE
LES GENS GONFLÉS

POURQUOI ALLER À L'ÉTRANGER ?
ALORS QU'ON A TOUT CE QU'IL NOUS FAUT EN FRANCE ...
POUR LE DÉPAYSEMENT
QUI VEUT DU HAMBURGER SAUCISSON ?
YOU'RE WELCOME.
POUR L'EXOTISME
QUI VEUT DU HAMBURGER PANTHÈRE NOIRE ?
BOULOUM BOULÉ !
POUR APPRENDRE LA LANGUE
RIPITE AFTEUR MI : HAM-BUR-GER ...
HAM ... BOR ... GUEUR
POUR FUIR LES INDÉSIRABLES
ON EST BIENTÔT ARRIVÉS, PAPA ?
TAIS-TOI ET RAME !
POUR DÉCOUVRIR
RALENTIS, C'EST MEXICO !...
... TROP TARD !
POUR LE PLAISIR D'ALLER LOIN
ISSY-LES-MOULINEAUX - - BALI D'UNE TRAITE AVEC LA CARAVANE AU CUL !
CHUIS TROP FORT !

L'ÉTRANGER N'EST PAS LA FRANCE
N'OUBLIEZ JAMAIS ÇA !
TU PARS VERS DES CONTRÉES INCONNUES, CAMARADE ?
MOI ? EUH ... OUI !
VOICI CE QUE TU NE DOIS POINT OUBLIER...
CONTRE LA FIÈVRE JAUNE, LA PEUR BLEUE ET LA ROUGEOLE
CONTRE LA LÈPRE, LE TYPHUS ET LA CHIASSE FULGURANTE
DES VACCINS
UN PASSE-PORCS ... EUH, NON ... UN PASSEPORT !
OUAIRE IZE ZE BICH ?
LES BICHES ? DANS LA MONTAGNE, YOU'RE WELCOME.
UN INTERPRÈTE
ÇA COÛTE DEUX CHAMEAUX, TROIS BREBIS ET UN ABONNEMENT À LA VIE DURAILLE.
DE LA MONNAIE LOCALE
ET AVEC TOUT ÇA, VOUS SEREZ PARÉ POUR TRAVERSER NOS FRONTIÈRES !
TU PARLES !
COMMENT ÇA, "TU PARLES" ?
ET PRÉVENIR DE NE JAMAIS BOIRE D'EAU, VOUS L'AURIEZ PAS OUBLIÉ, PAR HASARD ?
28

L'ÉTRANGER SANS PEINE
LES PHRASES BASIQUES ET UTILES ADAPTÉES À TOUTES LES LANGUES
MÉTHODE UNIVERSELLE
POUR MANGER
QUELLE DIRECTION DOIS-JE EMPRUNTER POUR LOCALISER UN ÉTABLISSEMENT FAISANT COMMERCE DE NOURRITURE ?
POUR LIER CONNAISSANCE
JE DESCENDS EN DROITE LIGNE DE ROMAIN LE BON, ET MON TRISAÏEUL FABRIQUAIT DES BRODEQUINS, ET VOUS ?
POUR RETROUVER SON CHEMIN
SAURIEZ-VOUS M'INDIQUER LE TRAJET LE PLUS PROMPT AFIN QUE JE REJOIGNE RIO DE LA PLATA ?
POUR TROUVER UN ENDROIT OÙ DORMIR
S'IL Y A UNE PLACE DANS VOTRE LIT, J'ACCEPTERAI VOLONTIERS DE VOUS Y RÉCHAUFFER LES PIEDS.
POUR REMERCIER LE GUIDE
SANS MENTIR, SI VOTRE RAMAGE SE RAPPORTE À VOTRE BAVARDAGE, VOUS ÊTES LE PHÉNIX DES HÔTES DE CE MUSÉE. TENEZ, MON BRAVE.
POUR APPELER UN MÉDECIN
DICO
FAITES TRADUIRE CES PHRASES DANS LA LANGUE DU PAYS OÙ VOUS VOUS RENDEZ, APPRENEZ-LES PAR CŒUR ET LE TOUR EST JOUÉ !
29

COMMENT SE FAIRE COMPRENDRE ?
VOUS N'ARRIVEZ PAS À PARLER ? VOUS BLOQUEZ ? VOUS ÊTES MUET ? FLIPPEZ PAS ! ON A LA SOLUTION.
L'HUMAIN RESSENT LE BESOIN DE COMMUNIQUER, C'EST SA NATURE, ON N'Y PEUT RIEN ...
COMBIEN ÇA COÛTE, ÇA ?
EN GÉNÉRAL, IL UTILISE LA PAROLE.
MAIS IL Y A D'AUTRES MOYENS DE SE FAIRE COMPRENDRE.
ON PEUT PARLER AVEC LES MAINS.
?
ON PEUT MIMER.
VOUS AVEZ FROID ?
NON !
VOUS AVEZ PEUR ?
NON !
MAIS QU'EST-CE QU'ELLE VEUT ?
ON PEUT DESSINER.
UN PORTEFEUILLE ? UNE PASSOIRE ? UNE CORNIÈRE EN Π DE 22 ?
ON PEUT UTILISER LA FORCE.
MAI-MAIS JE-JE VOU-VOUS DI-DIS KE-KE CE VASE NÉ-N'EST PA-PAS ZA-À VEND-VENDRE !
ON PEUT INTIMIDER.
si tu ne me donnes pas le prix de ce vase, je fais sauter ta boutique pourrie !
30

QU'EST-CE QU'ON FAIT ?
VOUS EN AVEZ RÊVÉ PENDANT ONZE MOIS ! AVOIR DU TEMPS RIEN QU'À VOUS ! POUR FAIRE CE QUE VOUS VOULEZ ! FAIRE QUOI, AU FAIT ?
LA SIESTE : RIEN DE TEL QUE DE BIEN SE REPOSER POUR PASSER UNE BONNE NUIT. PAROLE DE MARMOTTE.
LA SIESTE CRAPULEUSE : TANTE GERMAINE ROUPILLE, LES GAMINS SONT À LA PLAGE... ET SI VOUS EN PROFITIEZ POUR VÉRIFIER LE GONFLAGE DU MATELAS ?
ZZZZZZ
10 CONTRE UN QUE LA BÉQUILLE NE TIENT PAS !
TENU !
LA PÉTANQUE : SE JOUE AVEC UN COCHONNET ET UN PASTIS BIEN FRAIS.
MA CARAVANE TOUTE NEUVE ! AH, LES BOULES !
LES BOULES ? ÇA Y EST, JE LES AI !
LES JEUX : DAMES, ÉCHECS, PETITS CHEVAUX, TAROTS, BELOTE, REBELOTE ET DIX DE DER.
PATRON, LA TOURNÉE !
PERDU !
PURÉE... J'VOIS PLUS LES CARTES, MOI !
LE JEU : AAAH LA GRISANTE EXALTATION DU CASINO, LE DOUX FRISSON DE PERDRE SA CARAVANE SUR UN COUP DE DÉS !
TOUT SUR LE 20 !
ROUGE, BLANC OU ROSÉ ?
FAIRE DES MAQUETTES : L'ÉCOLE DE LA PATIENCE AU SERVICE DE CHEFS-D'OEUVRE.
LE CONCORDE AVEC DES CURE-DENTS
LE SACRÉ-COEUR AVEC DU PAIN D'ÉPICE
UN FRIGO AVEC UN LAVE VAISSELLE
J'ENTENDS DÉJÀ CERTAINS RÂLER PARCE QUE NOUS N'AVONS PARLÉ NI DU SPORT, NI DE LA PLAGE, NI DU TOURISME
HE ! HO ! CHAQUE CHOSE EN SON TEMPS !
TOURNEZ LA PAGE AVANT DE GROGNER !

31

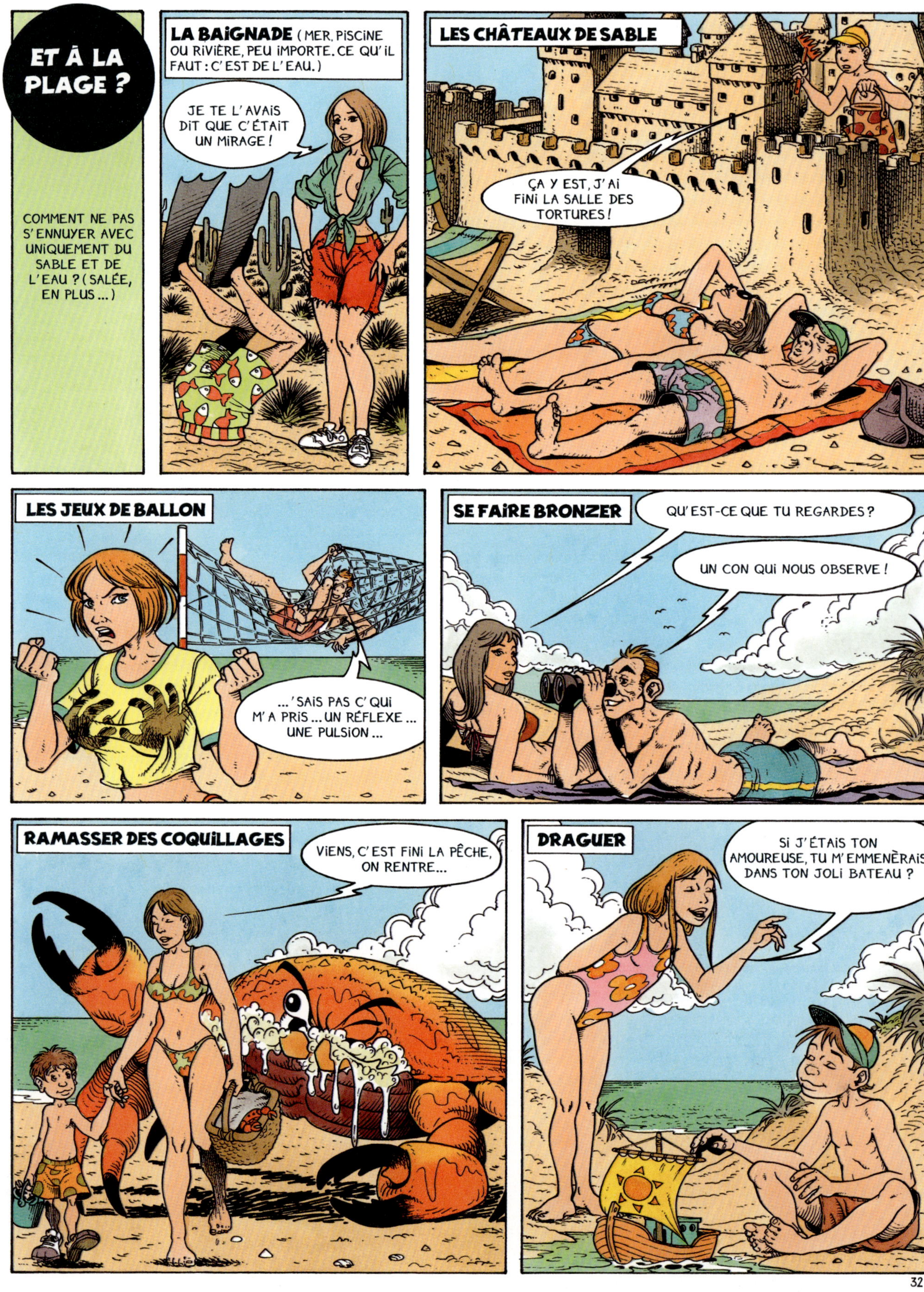
ET À LA PLAGE ?
COMMENT NE PAS S'ENNUYER AVEC UNIQUEMENT DU SABLE ET DE L'EAU ? (SALÉE, EN PLUS...)
LA BAIGNADE (MER, PISCINE OU RIVIÈRE, PEU IMPORTE. CE QU'IL FAUT : C'EST DE L'EAU.)
JE TE L'AVAIS DIT QUE C'ÉTAIT UN MIRAGE !
LES CHÂTEAUX DE SABLE
ÇA Y EST, J'AI FINI LA SALLE DES TORTURES !
LES JEUX DE BALLON
...'SAIS PAS C'QUI M'A PRIS... UN RÉFLEXE... UNE PULSION...
SE FAIRE BRONZER
QU'EST-CE QUE TU REGARDES ?
UN CON QUI NOUS OBSERVE !
RAMASSER DES COQUILLAGES
VIENS, C'EST FINI LA PÊCHE, ON RENTRE...
DRAGUER
SI J'ÉTAIS TON AMOUREUSE, TU M'EMMENÈRAIS DANS TON JOLI BATEAU ?
32

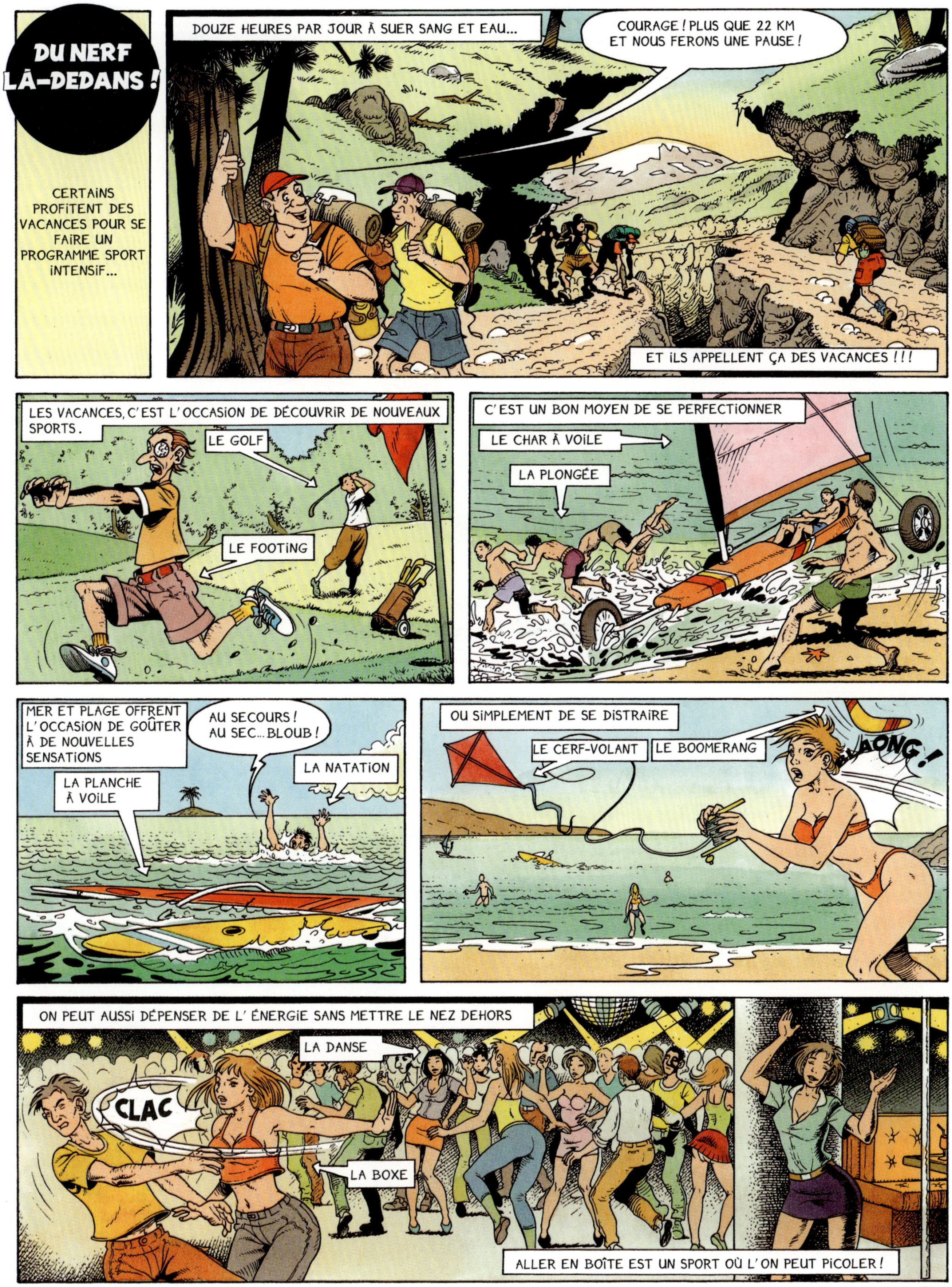
DU NERF LÀ-DEDANS !
CERTAINS PROFITENT DES VACANCES POUR SE FAIRE UN PROGRAMME SPORT INTENSIF...
DOUZE HEURES PAR JOUR À SUER SANG ET EAU...
COURAGE ! PLUS QUE 22 KM ET NOUS FERONS UNE PAUSE !
ET ILS APPELLENT ÇA DES VACANCES !!!
LES VACANCES, C'EST L'OCCASION DE DÉCOUVRIR DE NOUVEAUX SPORTS.
LE GOLF
LE FOOTING
C'EST UN BON MOYEN DE SE PERFECTIONNER
LE CHAR À VOILE
LA PLONGÉE
MER ET PLAGE OFFRENT L'OCCASION DE GOÛTER À DE NOUVELLES SENSATIONS
AU SECOURS ! AU SEC...BLOUB !
LA NATATION
LA PLANCHE À VOILE
OU SIMPLEMENT DE SE DISTRAIRE
LE CERF-VOLANT
LE BOOMERANG
BLAONG !
ON PEUT AUSSI DÉPENSER DE L'ÉNERGIE SANS METTRE LE NEZ DEHORS
LA DANSE
CLAC
LA BOXE
ALLER EN BOÎTE EST UN SPORT OÙ L'ON PEUT PICOLER !
33

ET SI VOUS PROFITIEZ DES VACANCES POUR VISITER, ÇA SERAIT ORIGINAL, NON ?
VISITER QUOI ?
SUIVEZ LE GUIDE !
LES MONUMENTS HISTORIQUES
SI LA TOUR PENCHE VERS LA GAUCHE, C'EST QU'IL VA PLEUVOIR.
SI ELLE PENCHE VERS LA DROITE, C'EST QUE VOUS ARRIVEZ PAR L'AUTRE CÔTÉ DE LA RUE.
LES LIEUX CÉLÈBRES
À VOTRE GAUCHE, BIP BIP APRÈS S'ÊTRE FAIT DÉVORER PAR LE COYOTE.
À DROITE, LE COYOTE QUI S'EST FAIT MARCHER DESSUS PAR UN ÉLÉPHANT.
L'ARTISANAT LOCAL
À DROITE, LE MAGASIN D'AMPHORES TYPIQUES...
À GAUCHE, LA FROMAGERIE (TYPIQUE AUSSI)...
LES HYPERMARCHÉS LOCAUX
À VOTRE DROITE, LES RILLETTES COMME LES AIMAIT LOUIS XVI... À GAUCHE, LE PAPIER HYGIÉNIQUE INVENTÉ PAR CAMBRONNE...
LES AUBERGES GASTRONOMIQUES
À DROITE, LA SALADE DE MUSEAU ET SON TORTICOLIS DE CÂPRES, ET À GAUCHE LA ROUCOULADE DE SAUMON ET SA FARIBANDOLE DE LAITUE !
LES FETES TRADITIONNELLES
LES GARÇONS, À GAUCHE, LES FILLES À DROITE...
...ET MOI JE VAIS ME COUCHER !
COMBIEN DONNER AU GUIDE ?
À NOTRE AVIS, IL N'A PAS PLUS DE 35 ANS.
34

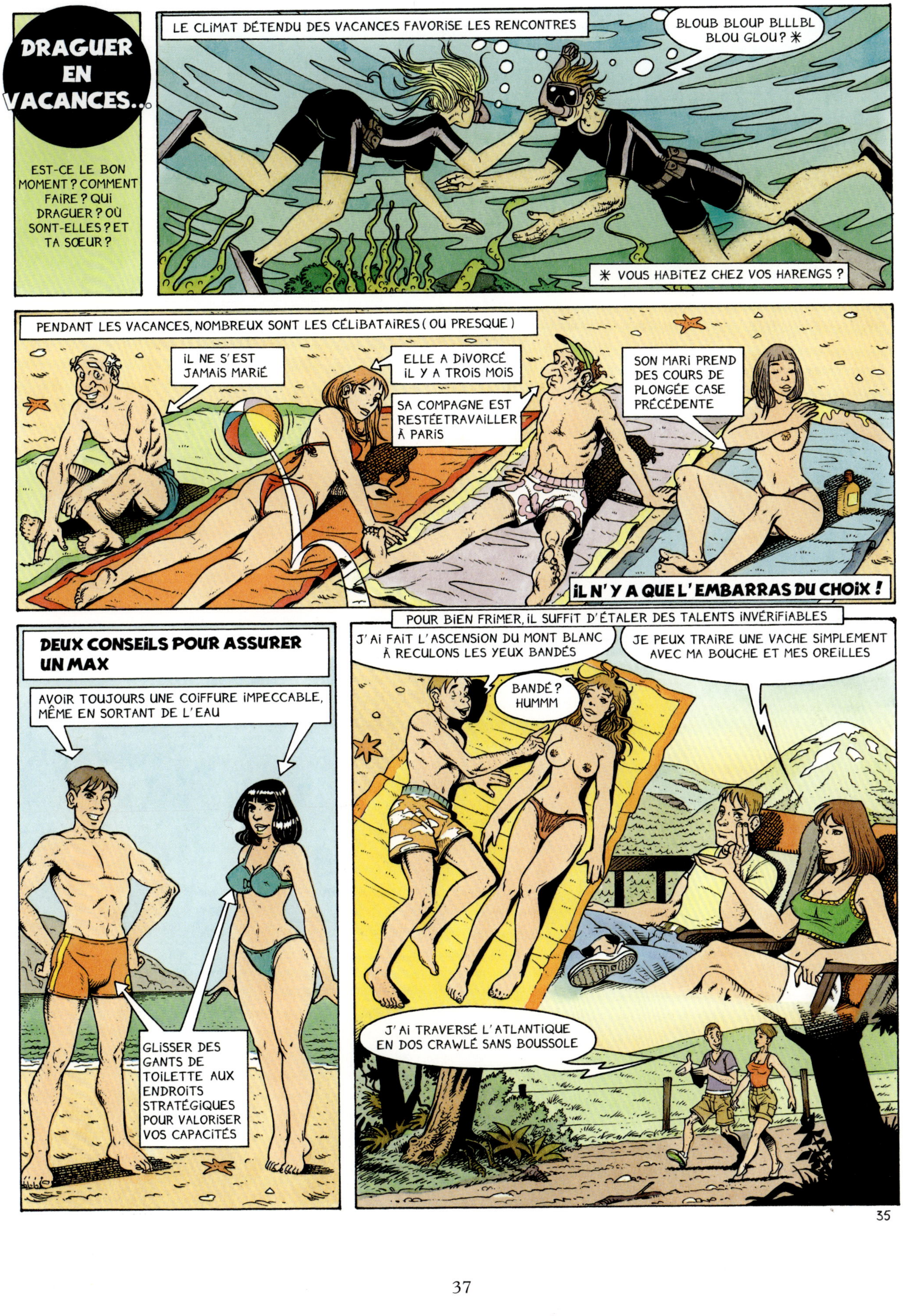
DRAGUER EN VACANCES...
EST-CE LE BON MOMENT ? COMMENT FAIRE ? QUI DRAGUER ? OÙ SONT-ELLES ? ET TA SŒUR ?
LE CLIMAT DÉTENDU DES VACANCES FAVORISE LES RENCONTRES
BLOUB BLOUP BLLLBL BLOU GLOU ? *
* VOUS HABITEZ CHEZ VOS HARENGS ?
PENDANT LES VACANCES, NOMBREUX SONT LES CÉLIBATAIRES (OU PRESQUE)
IL NE S'EST JAMAIS MARIÉ
ELLE A DIVORCÉ IL Y A TROIS MOIS
SA COMPAGNE EST RESTÉETRAVAILLER À PARIS
SON MARI PREND DES COURS DE PLONGÉE CASE PRÉCÉDENTE
IL N'Y A QUE L'EMBARRAS DU CHOIX !
DEUX CONSEILS POUR ASSURER UN MAX
AVOIR TOUJOURS UNE COIFFURE IMPECCABLE, MÊME EN SORTANT DE L'EAU
GLISSER DES GANTS DE TOILETTE AUX ENDROITS STRATÉGIQUES POUR VALORISER VOS CAPACITÉS
POUR BIEN FRIMER, IL SUFFIT D'ÉTALER DES TALENTS INVÉRIFIABLES
J'AI FAIT L'ASCENSION DU MONT BLANC À RECULONS LES YEUX BANDÉS
BANDÉ ? HUMMM
JE PEUX TRAIRE UNE VACHE SIMPLEMENT AVEC MA BOUCHE ET MES OREILLES
J'AI TRAVERSÉ L'ATLANTIQUE EN DOS CRAWLÉ SANS BOUSSOLE
35

QU'EST-CE QU'ON MANGE ?
CAR VOTRE ESTOMAC N'EST PAS EN VACANCES... LUI !
AVANT D'ATTAQUER UNE JOURNÉE AUX MULTIPLES ACTIVITÉS, LE PETIT DÉJEUNER SE DOIT D'ÊTRE COPIEUX
TARTINE DE GRATIN DAUPHINOIS OU BISCOTTE CASSOULET ?
PRESSÉS DE PLONGER DANS LA GRANDE BLEUE ? LE DÉJEUNER SE DOIT D'ÊTRE RAPIDE
QUI VEUT DE LA POITRINE DE ROUGET À L'EMBEURRÉE DE CHOUX ROUGE ?
POUR TENIR JUSQU'AU SOIR, LE GOÛTER SE DOIT D'ÊTRE TONIQUE
UN BON PEU DE SAUCE ÉPICÉE DONNERA ÉGALEMENT DE LA VIGUEUR AUX MESSIEURS
POUR SE REMETTRE DE LA JOURNÉE ET PRÉPARER UNE NUIT ÉLECTRIQUE, LE DÎNER SE DOIT D'ÊTRE RECONSTITUANT
SOUPE DE VITAMINES, SAUCE FORTIFIANTE, CRÈME DE STIMULANTS ET CUVÉE DOPANTE POUR TOUT LE MONDE
FAUT-IL GOÛTER LA CUISINE RÉGIONALE ?
ET SI JE PRENAIS DES ROGNONS À L'AIL ?
DE TOUTES FAÇONS, JE N'AI PAS PRÉVU DE T'EMBRASSER...
PEUT-ON BOIRE L'EAU DU ROBINET ? BIEN SÛR ! SAUF PRÈS DES CENTRALES ATOMIQUES ET DES DÉCHETTERIES CHIMIQUES, ET DANS LES PAYS À L'HYGIÈNE DOUTEUSE
PRÉVOYEZ TOUT DE MÊME UNE BOUTEILLE D'EAU DE JAVEL
QUELQUES SPÉCIALITÉS
SUD-OUEST
LE SANDWICH AU CASSOULET
EST
LE SANDWICH À LA CHOUCROUTE
SUD-EST
LE SANDWICH À LA BOUILLABAISSE
NORD
LE SANDWICH AUX FRITES
36

VACANCES STUDIEUSES, VACANCES HEUREUSES !
QUAND LES ENFANTS (ET LES PARENTS, POURQUOI PAS) PROFITENT DES VACANCES POUR RÉVISER...
L'ORTOGRAPHE ET LA GRAMMAIRE
CHÈRE MÉMÉ, NOUS PASSONS DE BONNES VACANCES... VIRGULE...
nou paçon deux bone vaquansse
LES SCIENCES NATURELLES
♫ J'AI MIS MON DOIGT DANS TON NOMBRIL... ♫
♫ C'ÉTAIT PAS MON NOMBRIL... ♫
♫ C'ÉTAIT PAS NON PLUS MON DOIGT... ♫
LES MATHÉMATIQUES
TROIS COQUILLAGES ET DEUX BONBECS CONTRE TA PELLE ET TON SEAU...
RAJOUTE UNE PHOTO DE TA SŒUR À POIL ET LE COMPTE EST BON!
LA GÉOGRAPHIE
T'ES SÛR QUE C'EST PAR LÀ ?
MAIS, OUI POUCET, JE RECONNAIS LES FOUGÈRES !
L'HISTOIRE
ET C'EST DANS CETTE PIÈCE QUE NAQUIT LE ROI LOUIS 17 ½ ...
LA GYMNASTIQUE
COMME QUOI, EN VACANCES, ON NE MANQUE PAS D'ÉDUCATION (PHYSIQUE, BIEN SÛR) !
37

QU'EST-CE QU'IL NE FAUT PAS FAIRE
PENDANT LES VACANCES ?
SE DEMANDENT NOS INNOCENTS LECTEURS...
ATTRAPER DES COUPS DE SOLEIL, SAUF SI VOUS ALLEZ À UN BAL MASQUÉ DÉGUISÉ EN HOMARD
VOUS DEVEZ FAIRE ERREUR, ICI C'EST UN REPAS D'ENTERREMENT...
...INTOXICATION AUX FRUITS DE MER.
SE RUINER AU CASINO, SAUF SI C'EST UN VENDREDI 13
TAPIS !
GRAND FOU, VA !
FAIRE DES ÉCONOMIES, SAUF SI VOUS AVEZ TOUT PERDU AU CASINO
UNE GLACE À UNE BOULE ET HUIT PAILLES, S'IL VOUS PLAÎT...
QUEL PARFUM, LES PAILLES ?
EMPORTER DU TRAVAIL, SAUF SI VOTRE BOULOT VOUS AMUSE (!?!)
JE DIS : « QUELLE PLÉNITUDE, LA CAMPAGNE ! »
VRRRRRAAAAOOUUUIIIIII
SE NOYER, SAUF SI VOUS EN AVEZ MARRE DES VACANCES
TU ES SÛRE QU'IL EST POISSONS ASCENDANT POISSONS, TON MARI ?
GLOUB..BL
SE GAVER DE TÉLÉ, SAUF SI VOUS N'AVEZ RIEN DE MIEUX À FAIRE
RÉTROPROJECTEUR, ÉCRAN GÉANT, SON 5.1, REGARDE CE FILM, ON SE CROIRAIT À LA MONTAGNE !
MAIS TU Y ES, À LA MONTAGNE !
38

QUELS SOUVENIRS RAMENER
DANS SES PETITES VALISES ?
LES TRUCS UTILES
WAOH ! UNE CASSEROLE BAROMÈTRE !
LE MANCHE FAIT ÉGALEMENT THERMOMÈTRE RECTAL...
LES MACHINS DÉCORATIFS
HAWAÏ SOUS LA NEIGE, COMME C'EST ORIGINAL !
LES BIDULES ORIGINAUX
IL EST SUPERBE, CE PORTEMANTEAU!
EUH... C'EST UNE SCULPTURE LOCALE...
LES CHOSES TYPIQUES
J'PEUX TE DIRE QUE TU VERRAS PAS ÇA CHEZ TOUT LE MONDE !
ÇA M'ÉTONNE PAS !
LES SPÉCIALITÉS GOURMANDES
QUOI T'EST-CE ?
UN SOUVENIR DE NOTRE TOUR DU MONDE : COLUMBO DE BULGUR NUOC MAM AU CURRY DE CASSOULET À LA FETA!
ATTENTION ! MÉFIEZ-VOUS DES COPIES ILLICITES DE MARQUES CONNUES
UN PICASSO PÉRIODE BLEUE ? TU M'AS GÂTÉ !
CALME-TOI, C'EST UNE COPIE, ET EN PLUS TU LE TIENS À L'ENVERS...
39

SOUVENIRS, SOUVENIRS...
'Y A PLUS DE PLACE DANS VOS BAGAGES ? EMPORTEZ-LES DANS VOTRE TÊTE...
LES PANNES : 4H À ATTENDRE LA DÉPANNEUSE + 723 € DE FRAIS, ÇA NE S'OUBLIE PAS !
1313 XP 13
LES BOBOS : 4H DANS LA SALLE D'ATTENTE ET 72 POINTS DE SUTURE, ÇA NE S'OUBLIE PAS NON PLUS
RACHURE-KOI, GÉRIE, GUE VAIS PIEN !
LES BOUCHONS : PARIS-HONFLEUR EN 17 HEURES, ÇA AUSSI ON S'EN SOUVIENT
PAPA ! 'Y A UN ESCARGOT QUI NOUS DOUBLE !
LES AMOURETTES : ILS SONT GRANDS, ILS SONT BEAUX, ILS SENTENT BON LE SABLE CHAUD
TU ES BELLE COMME UNE PERLE...
T'ES FORT COMME UNE HUÎTRE...
LES CATASTROPHES NATURELLES : ADIEU TENTE, MATELAS ET LAMPE À GAZ
ENCORE UNE CHANCE QU'ON N'AIT PAS PERDU LE PARAPLUIE !
AMBULANCE
INDIGESTION, PERTE DES PAPIERS ET AUTRE VOL DE VÉHICULE... RIEN NE SERT DE FLIPPER, CAR N'OUBLIEZ PAS QUE VOUS EN RIREZ DANS QUELQUES ANNÉES !
40

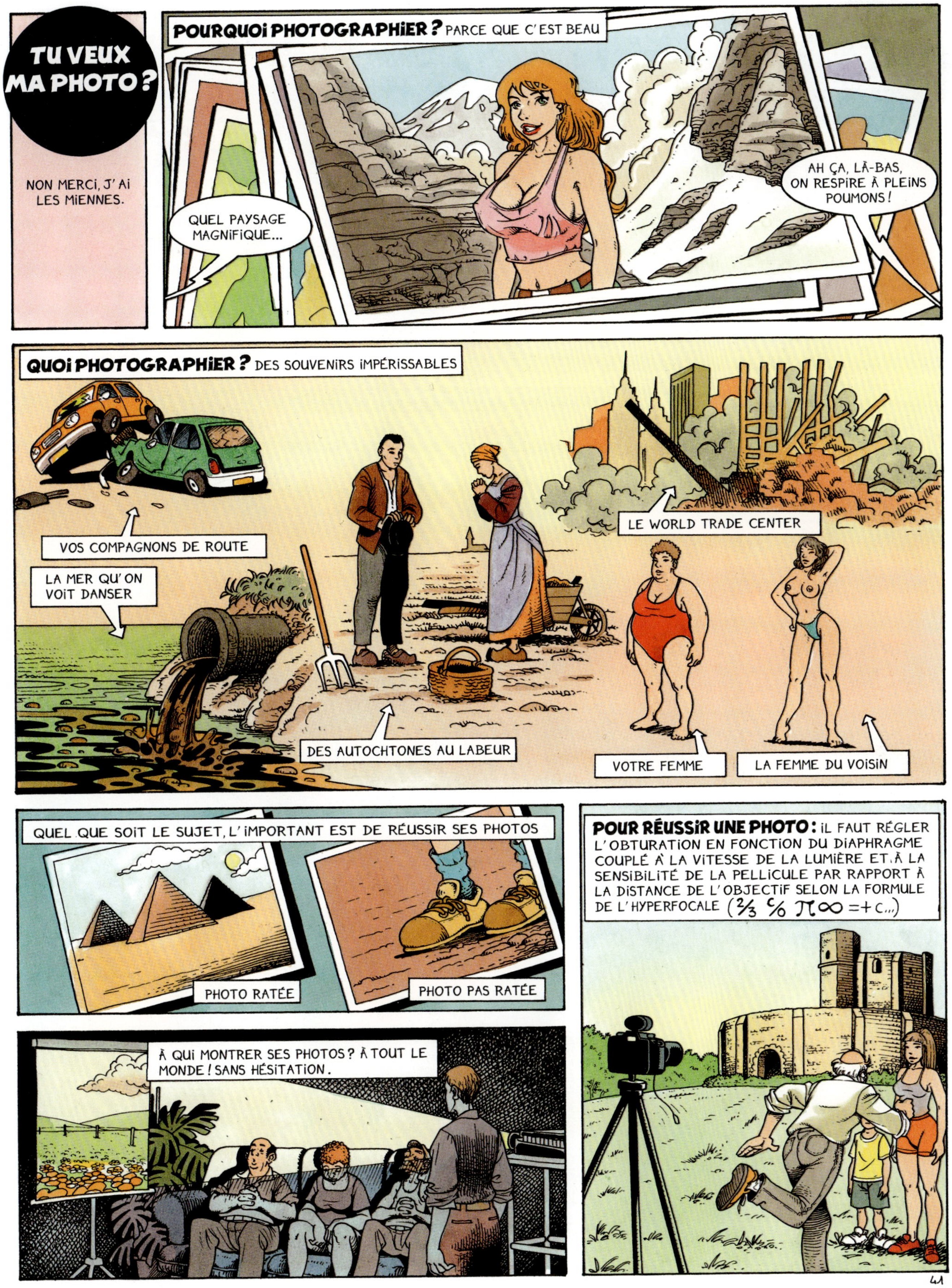
TU VEUX MA PHOTO ?
NON MERCI, J'AI LES MIENNES.
POURQUOI PHOTOGRAPHIER ? PARCE QUE C'EST BEAU
QUEL PAYSAGE MAGNIFIQUE...
AH ÇA, LÀ-BAS, ON RESPIRE À PLEINS POUMONS !
QUOI PHOTOGRAPHIER ? DES SOUVENIRS IMPÉRISSABLES
VOS COMPAGNONS DE ROUTE
LA MER QU'ON VOIT DANSER
DES AUTOCHTONES AU LABEUR
LE WORLD TRADE CENTER
VOTRE FEMME
LA FEMME DU VOISIN
QUEL QUE SOIT LE SUJET, L'IMPORTANT EST DE RÉUSSIR SES PHOTOS
PHOTO RATÉE
PHOTO PAS RATÉE
À QUI MONTRER SES PHOTOS? À TOUT LE MONDE ! SANS HÉSITATION.
POUR RÉUSSIR UNE PHOTO : IL FAUT RÉGLER L'OBTURATION EN FONCTION DU DIAPHRAGME COUPLÉ À LA VITESSE DE LA LUMIÈRE ET À LA SENSIBILITÉ DE LA PELLICULE PAR RAPPORT À LA DISTANCE DE L'OBJECTIF SELON LA FORMULE DE L'HYPERFOCALE (2/3 C/O π∞ =+ C...)
41

QUAND FAUT-IL RENTRER ?
TOUT A UNE FIN, Y COMPRIS LE LOUP QUI EN A UNE GROSSE (FAIM).
QUAND LES VACANCES SONT TERMINÉES
ON FERME !
PAS TRÈS ORIGINAL, C'EST CE QUE TOUT LE MONDE FAIT
UNE SEMAINE + TÔT
ON RENTRE !
UN BON MOYEN D'ÉVITER LES BOUCHONS (PEU ADAPTÉ SI VOUS NE PARTEZ QUE 8 JOURS)
UNE SEMAINE + TARD
COMMENT ÇA, UN ARRÊT MALADIE ?
QUEL QUE SOIT LE JOUR DU RETOUR, TROIS RÈGLES SONT À RESPECTER :
1.NE PAS S'ÉNERVER EN PLIANT LES BAGAGES
CE N'EST PAS LA FAUTE DE VOTRE FEMME SI LES VACANCES SONT FINIES
2.NE PAS S'ÉNERVER DANS LA VOITURE
CE N'EST PAS LA FAUTE DE VOS ENFANTS SI LES VACANCES SONT FINIES
3.NE PAS S'ÉNERVER EN RENTRANT CHEZ SOI
CE N'EST PAS VOTRE FAUTE SI LES VACANCES SONT FINIES
ET PUIS, NE VOUS DÉMORALISEZ PAS, RENTRER C'EST PARTIR UN PEU, MAIS À L'ENVERS...
42

QU'EST-CE QUI VOUS ATTEND À VOTRE RETOUR ?
DES TAS DE CHOSES !
DE LA VISITE...
QUELQU'UN EST PASSÉ PENDANT NOTRE ABSENCE...
QU'EST-CE QUI TE FAIT DIRE ÇA ?
DES AMÉNAGEMENTS...
TU AVAIS COMMANDÉ UNE PISCINE ?
DES CHANGEMENTS...
DÉSOLÉ, MONSIEUR ROGER, MAIS LA SOCIÉTÉ A DÉPOSÉ LE BILAN...
DES SURPRISES...
CHÉRI, MON STÉRILET N'A PAS FONCTIONNÉ...
DES NOUVEAUTÉS...
C'EST FOU CE QU'ILS SONT RAPIDES DANS LES TRAVAUX PUBLICS !
DES COLLÈGUES...
EH BEN, TÊTE DE FION, T'AS PAS BEAUCOUP BRONZÉ !
COMMENT FAIRE FACE À TOUT ÇA ? COURAGE, FUYEZ ! REPARTEZ IMMÉDIATEMENT EN VACANCES !
43

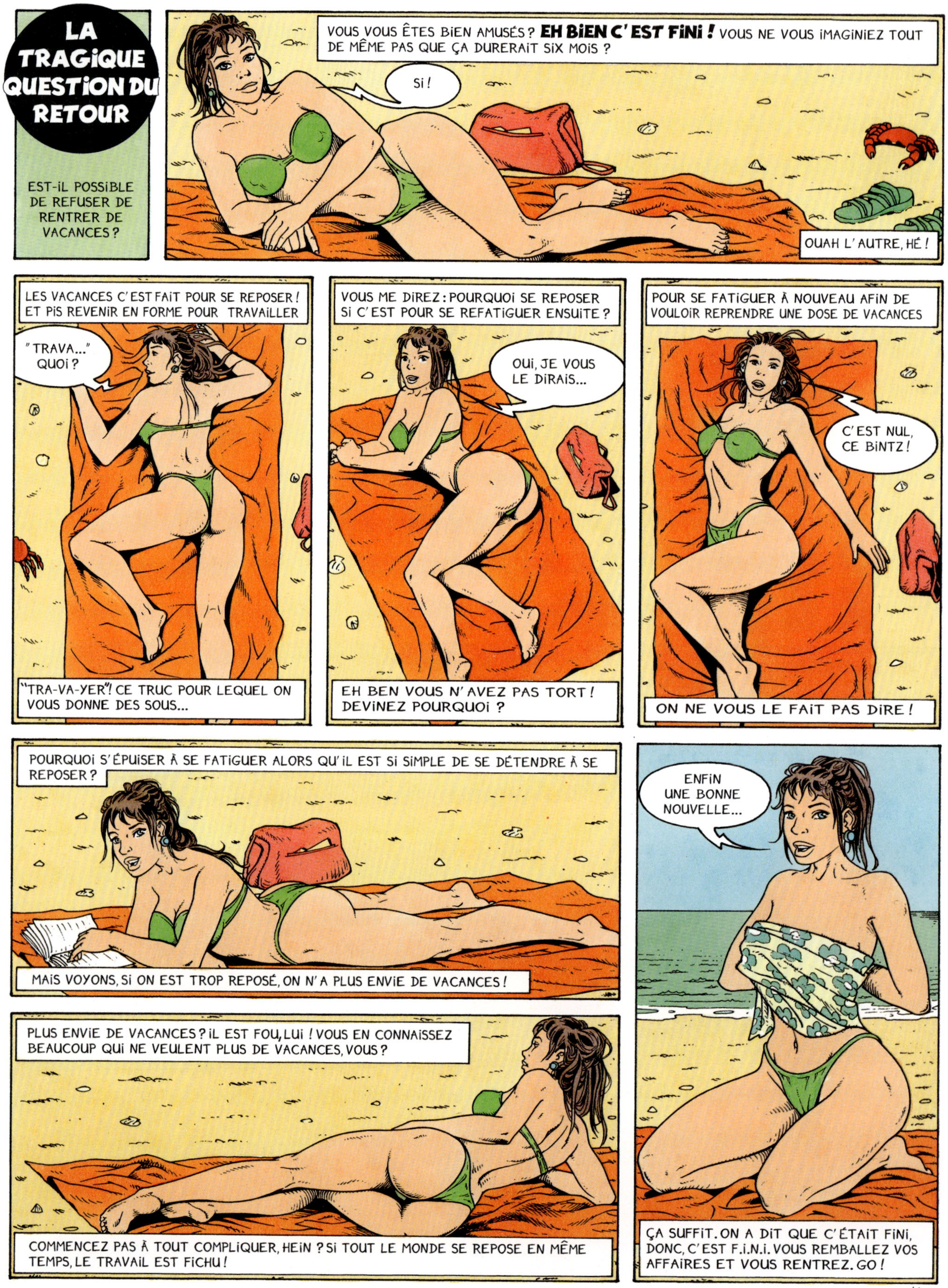
LA TRAGIQUE QUESTION DU RETOUR
EST-IL POSSIBLE DE REFUSER DE RENTRER DE VACANCES ?
VOUS VOUS ÊTES BIEN AMUSÉS ? EH BIEN C'EST FINI ! VOUS NE VOUS IMAGINIEZ TOUT DE MÊME PAS QUE ÇA DURERAIT SIX MOIS ?
SI !
OUAH L'AUTRE, HÉ !
LES VACANCES C'EST FAIT POUR SE REPOSER ! ET PIS REVENIR EN FORME POUR TRAVAILLER
"TRAVA..." QUOI ?
"TRA-VA-YER" ! CE TRUC POUR LEQUEL ON VOUS DONNE DES SOUS...
VOUS ME DIREZ : POURQUOI SE REPOSER SI C'EST POUR SE REFATIGUER ENSUITE ?
OUI, JE VOUS LE DIRAIS...
EH BEN VOUS N'AVEZ PAS TORT ! DEVINEZ POURQUOI ?
POUR SE FATIGUER À NOUVEAU AFIN DE VOULOIR REPRENDRE UNE DOSE DE VACANCES
C'EST NUL, CE BINTZ !
ON NE VOUS LE FAIT PAS DIRE !
POURQUOI S'ÉPUISER À SE FATIGUER ALORS QU'IL EST SI SIMPLE DE SE DÉTENDRE À SE REPOSER ?
MAIS VOYONS, SI ON EST TROP REPOSÉ, ON N'A PLUS ENVIE DE VACANCES !
PLUS ENVIE DE VACANCES ? IL EST FOU, LUI ! VOUS EN CONNAISSEZ BEAUCOUP QUI NE VEULENT PLUS DE VACANCES, VOUS ?
COMMENCEZ PAS À TOUT COMPLIQUER, HEIN ? SI TOUT LE MONDE SE REPOSE EN MÊME TEMPS, LE TRAVAIL EST FICHU !
ENFIN UNE BONNE NOUVELLE...
ÇA SUFFIT. ON A DIT QUE C'ÉTAIT FINI, DONC, C'EST F.I.N.I. VOUS REMBALLEZ VOS AFFAIRES ET VOUS RENTREZ. GO !
44

Offrez les Guides qui font rire !!!

Les Guides en BD

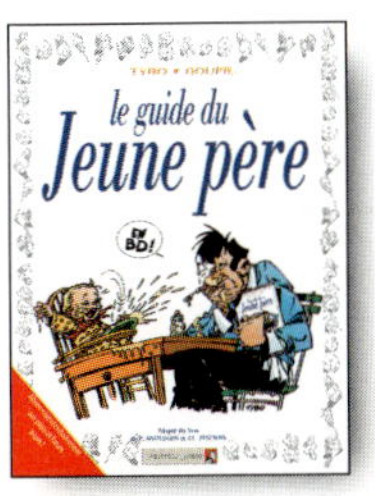

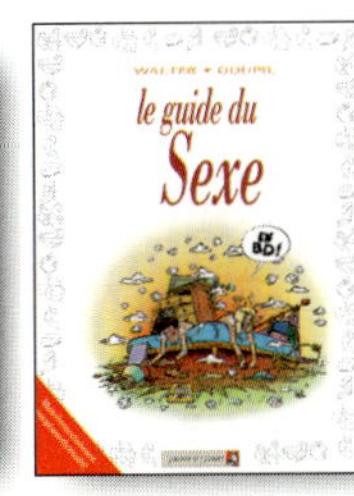

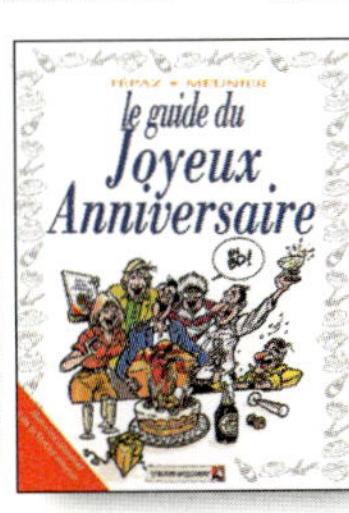

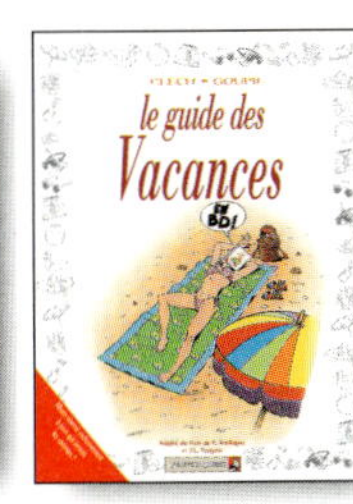

Les Kits en BD

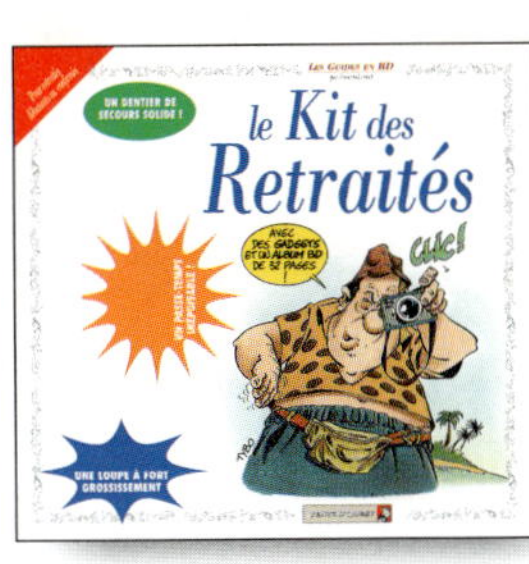

Les Mini-Guides en BD

Les Guides en BD présentent : Drôles d'Histoires de…

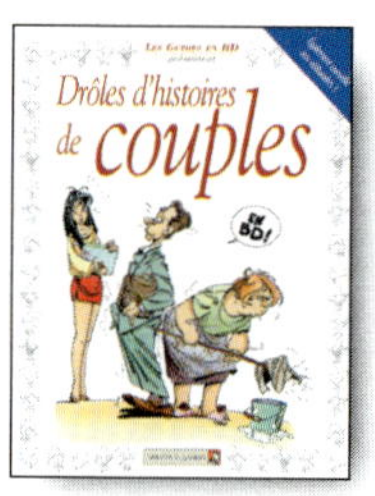

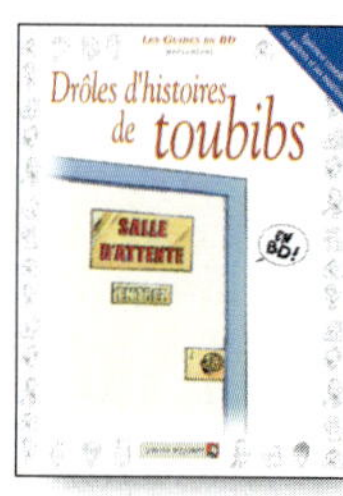

FINIES LES PH
LE GUIDE DES VAC
VOS PHOTOS

FACILE ET ÉCONOMIQUE !
RIEN À CADRER, RIEN À RATER,
AUCUN EFFORT À FAIRE POUR
AVOIR DE MAGNIFIQUES SOUVENIRS !

COLLEZ

COLLEZ ICI VOTRE PHOTO

souvenir des sports d'hiver

COLLEZ ICI LA PHOTO DE
VOTRE MONUMENT PRÉFÉRÉ

COLLE
VOTRE

souvenir de ....